普通高等学校邮轮服务与管理专业系列规划教材

国际邮轮餐饮实训指导教程

曹艳芬　徐文苑　　主　编
张红升　刘　刚　高　珍　副主编

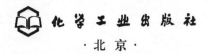

·北京·

本书是普通高等学校邮轮服务与管理专业系列规划教材之一，以邮轮餐饮服务职业能力培养为核心，以实际工作流程为主线，分为邮轮餐饮认知、邮轮餐饮服务技能、邮轮餐饮服务实训、邮轮餐饮服务技巧四个模块，包括邮轮餐饮部认知、托盘、餐巾折花、斟酒、摆台、点菜、上菜、分菜服务、撤换餐用具、自助餐服务、西餐服务、特色宴会服务、客舱送餐服务、中餐服务、餐饮服务技巧十五个项目，体例新颖，知识脉络简明、清晰、流畅。本书主要定位为普通高等学校邮轮服务与管理、酒店管理专业的教材，也可以作为国际邮轮餐饮服务管理人员以及社会餐饮企业的岗位培训和自学用书。

图书在版编目（CIP）数据

国际邮轮餐饮实训指导教程/曹艳芬，徐文苑主编．
北京：化学工业出版社，2017.5（2022.1重印）
ISBN 978-7-122-29764-8

Ⅰ．①国… Ⅱ．①曹…②徐… Ⅲ．①旅游船-饮食业-商业服务-高等职业教育-教材 Ⅳ．①F590.7②F719.3

中国版本图书馆CIP数据核字（2017）第115648号

责任编辑：王　可　蔡洪伟　于　卉　　　　　装帧设计：刘丽华
责任校对：王素芹

出版发行：化学工业出版社（北京市东城区青年湖南街13号　邮政编码100011）
印　　装：北京虎彩文化传播有限公司
787mm×1092mm　1/16　印张8¼　字数185千字　2022年1月北京第1版第3次印刷

购书咨询：010-64518888　　　　　　　　　售后服务：010-64518899
网　　址：http://www.cip.com.cn
凡购买本书，如有缺损质量问题，本社销售中心负责调换。

定　价：32.00元　　　　　　　　　　　　　　　　　　　版权所有　违者必究

前言

邮轮行业是个新兴行业，邮轮专业发展和人才的培养还处于摸索阶段，开办的院校相对较少，目前市面上仅仅出版了国际邮轮服务与管理、邮轮运营与管理、国际邮轮销售实务、邮轮英语等教材，而邮轮餐饮实训教材还比较少。

本教材以邮轮餐饮服务职业能力培养为核心，在编写过程中力求贴合实际岗位的变化和新的要求，以实际工作流程为主线，将邮轮餐饮部的实际工作情况和要求真实形象地呈现在学生面前，从而使教材内容先进、精简和实用。全书按照模块—项目—子项目的结构精心编排各部分内容，体例新颖，知识脉络简明、清晰、流畅。全书设计为邮轮餐饮部认知、邮轮餐饮服务技能、邮轮餐饮服务实训、邮轮餐饮服务技巧四大递级模块，包括邮轮餐饮部认知、托盘、餐巾折花、斟酒、摆台、点菜、上菜、分菜服务、撤换餐用具、自助餐服务、西餐服务、特色宴会服务、客舱送餐服务、中餐服务、餐饮服务技巧十五个项目，每个项目都制定了项目目标，从实训项目操作用具、实训项目操作程序、实训项目注意事项、实训项目考核标准四个方面训练了实践性强、操作性强的工作任务，实现理论与实践相结合，教学做一体化。在内容编排上尽可能多地使用图片、实物照片或图表格式将各个知识要点形象、生动地表现出来，大大增强教材的可读性与形象性。本教材主要定位为普通高等学校邮轮服务与管理、酒店管理专业的教材，也可以作为国际邮轮餐饮服务管理人员以及社会餐饮企业的岗位培训和自学用书。

本教材由曹艳芬、徐文苑主编，张红升、刘刚、高珍副主编，编写任务具体分工是：项目一、项目十五、附录由湖北职业技术学院曹艳芬编写；项目二～项目五由天津海运职业学院张红升编写；项目六～项目九由天津海运职业学院刘刚编写；项目十、项目十一、项目十二子项目一、项目十三由天津职业大学徐文苑编写；项目十二子项目二、项目十四由天津职业大学高珍编写。全书由曹艳芬拟定提纲、审定统稿，张红升、徐文苑老师参与了文稿的修改和完善工作。

本书在编写过程中参考了国内外相关资料，还得到了许多业内人士的帮助，在此一并表示衷心感谢！同时，由于作者水平所限，书中疏漏之处在所难免，恳请广大读者批评指正。

编　者
2017 年 2 月

目录

模块一　邮轮餐饮认知

项目一　邮轮餐饮部认知 ·· 1
子项目一　邮轮餐饮部的任务和工作环境 ························· 1
子项目二　邮轮餐饮组织机构和岗位职责 ························· 2
子项目三　邮轮餐饮服务人员素质要求 ···························· 5

模块二　邮轮餐饮服务技能

项目二　托盘 ·· 8
子项目一　托盘基础知识 ··· 8
子项目二　托盘训练 ··· 9

项目三　餐巾折花 ··· 12
子项目一　餐巾折花基础知识 ······································ 12
子项目二　餐巾折花训练 ·· 14

项目四　斟酒 ··· 18
子项目一　斟酒基础知识 ·· 18
子项目二　斟酒训练 ·· 20

项目五　摆台 ··· 25
子项目一　摆台基础知识 ·· 25
子项目二　中餐摆台训练 ·· 27
子项目三　西餐摆台训练 ·· 31

项目六　点菜 ··· 36
子项目一　点菜基础知识 ·· 36
子项目二　点菜训练 ·· 38

项目七　上菜 ··· 41
子项目一　上菜基础知识 ·· 41
子项目二　上菜训练 ·· 42

项目八　分菜服务 ··· 44
子项目一　分菜基础知识 ·· 44

子项目二　分菜训练 ·· 46
　项目九　撤换餐用具 ·· 49
　　子项目一　撤换餐用具基础知识 ······································· 49
　　子项目二　撤换餐用具训练 ··· 49

模块三　邮轮餐饮服务实训

　项目十　自助餐服务 ·· 52
　项目十一　西餐服务 ·· 60
　项目十二　特色宴会服务 ·· 73
　　子项目一　邮轮船长晚宴 ··· 73
　　子项目二　鸡尾酒会服务 ··· 78
　项目十三　客舱送餐服务 ·· 81
　项目十四　中餐服务 ·· 89
　　子项目一　中餐零点服务 ··· 89
　　子项目二　中餐宴会服务 ··· 98

模块四　邮轮餐饮服务技巧

　项目十五　邮轮餐饮服务技巧 ·· 105
　　子项目一　疑难问题处理程序 ··· 105
　　子项目二　处理客人投诉 ··· 108

附录1　餐厅英语情景对话

附录2　餐厅服务流程23个细节

附录3　餐厅卫生管理制度

参考文献

模块一

邮轮餐饮认知

项目一　邮轮餐饮部认知

【项目目标】

◇ 了解邮轮餐饮部的主要任务和邮轮餐饮工作环境。
◇ 熟知邮轮餐饮部的组织架构和各工作岗位的岗位职责。
◇ 明确邮轮餐饮服务人员的素质要求。
◇ 认识和了解今后工作的环境和承担的任务。

子项目一　邮轮餐饮部的任务和工作环境

一、邮轮餐饮部的任务

邮轮餐饮部是负责向客人提供餐饮产品和餐饮服务的部门。主要承担着不断发掘潜力、开拓创新餐饮市场，吸引并留住客人，做好餐饮各项工作的重要责任，同时还会根据宾客的需要和可能，为宾客全面提供优质服务及美观、舒适、高雅的氛围，重点抓特色菜肴，使宾客满意，同时为邮轮创造更高的经济效益。邮轮餐饮部的具体任务包括以下几点。

1. 向宾客提供以菜肴等为主要代表的有形产品

提供能满足客人需要的优质食品和饮料，这是邮轮餐饮部的首要任务。各种档次、各种风格的邮轮都会根据自己的市场定位和经营策略，提供能满足客人所需的优质产品。因此餐饮部要准确把握各种客人的饮食要求，精心策划优质食品产品和饮食产品组合，加强饮食产品的生产管理。

2. 向宾客提供满足需要的、恰到好处的服务

提供恰到好处服务必须是及时的服务、针对性极强的服务，必须是洞察客人心理的服务,唯有这样的服务与享受才是有效的。因此餐饮部要设计和保证实施有效的服务程序,必须要及时地提供有效的服务,倡导和培养全体员工提供亲切的服务。

3. 增收节支、开源节流,搞好餐饮经营管理

增加餐饮收入与餐饮利润是邮轮餐饮部的主要目标。餐饮部应根据市场需求,扩大经营范围及服务项目、产品的品种。同时,餐饮产品从原料到成品经历的环节较多,成本控制的难度较大,从而造成的浪费和损失较多。这需要餐饮部制定完善的成本控制措施和操作程序,加强餐饮成本控制、减少利润流失。

4. 为邮轮树立良好社会形象,为树立邮轮的高品质形象服务

餐饮部与客人的接触面广,又是直接接触,面对面服务的时间长,从而给客人留下的印象最深,并直接影响客人对整个邮轮的评价。从餐饮角度为邮轮树立良好的社会形象就必须加强餐饮部的自身形象建设。而形象的建设,主要通过硬件和软件建设两个方面体现出来。餐饮部的硬件建设要首先从餐饮设施的功能着手,看各类餐厅、宴会厅、酒吧及餐饮与娱乐相结合的设施是否齐全;其次是这些设备的档次高低、先进水平如何;最后是这些硬件设施的风格与整个邮轮的经营目标是否一致。餐饮部的软件建设主要体现在管理水平、服务质量和员工素质等方面。

二、餐饮部的工作环境

邮轮上经营各种不同类型的餐厅,以满足不同游客的需求,主要包括以下几种。

1. 主餐厅

邮轮主餐厅常常反映邮轮品牌的风格和标准,通过提供色香味俱全的精致饮食,使游客品尝世界顶级厨房的创作,沉浸在一次较为正式的就餐体验之中。主餐厅以提供西餐正餐为主。餐厅里洁白的桌布、闪亮的刀叉、餐具和玻璃器皿,精心挑选的色调、材质和家具,还有柔和的光线、音乐以及环境的戏剧风格增添了不少用餐气氛。

2. 休闲餐厅

邮轮上的休闲餐厅通常以自助餐为主。自助餐是由游客自己动手,在餐厅事先布置好的餐台上任意选菜,自行取回到座位享用的自我服务的用餐形式,为游客提供更为轻松自在的就餐选择。主餐厅和休闲餐厅一般都会提供下午茶。

3. 特色餐厅

比萨店、汉堡店、热狗烘烤店等为特定游客提供了选择的机会;冰激凌售卖点一般设置在游泳池甲板以及休闲活动区域。

4. 酒吧

酒吧是经营各类酒水、饮料和点心的场所。酒水服务是餐饮中最重要的内容之一。美酒佳肴不仅能够使菜品增色,还有助于游客之间沟通感情、活跃气氛、创造美好的就餐氛围。

如果这些餐厅的就餐选择没有满足游客的需求,游客也可以选择邮轮上的 24 小时客舱送餐服务。

子项目二 邮轮餐饮组织机构和岗位职责

邮轮餐饮部负责所有的餐厅、酒吧、厨房的餐饮管理。邮轮餐饮的组织机构根据邮轮餐厅的类型、接待能力、餐饮经营市场环境以及邮轮公司的不同而各有不同。餐厅类型越多，专业化分工越细，内部人员、部门越多，组织机构的规模越大。

邮轮餐饮服务分为直接对客的前台服务和间接对客的后台服务两大部分。前台服务是在主餐厅、自助餐厅、酒吧等场所面对面为客人提供服务；后台服务是厨房、管理部门所进行的工作。前台服务与后台服务相辅相成，构成了为就餐客人提供菜肴饮品的全过程。

邮轮餐饮的组织机构设置如下。

一、餐饮部

1. 餐厅经理

餐厅经理负责为客人提供各式食物和饮品，同时进行餐厅的收支核算。餐厅经理领导的主要员工有餐厅服务员领班、餐厅服务员、咖啡厅服务员、自助餐服务员、洗碗工、餐厅勤杂工等。

2. 酒吧经理

酒吧经理带领酒吧服务员、鸡尾酒服务员、调酒师以及侍酒师等为客人提供各类酒水服务。

3. 餐厅服务员领班

餐厅服务员领班负责某些餐厅的总体服务，安排服务和监督检查餐厅服务员的工作。

4. 餐厅服务员

（1）着装干净整洁、守时，服从工作安排。

（2）餐前餐后擦净整理好餐具、服务用具，搞好餐厅的卫生工作。

（3）负责定时送洗、收回餐厅的布草。

（4）负责餐厅摆台，做好开餐前的准备工作。保证各类餐用具清洁无破损，调味器皿干净、量充足。

（5）负责补充工作台。

（6）准备好客人订餐所用的订餐单、笔，用餐所需打火机、开瓶器等。

（7）熟悉餐厅菜单所列各式菜肴，了解其原料、配料、烹调方法、烹调所需时间，菜肴口味、所属菜系、是何来历、有何典故，菜肴价格、分量、相应的服务方式方法等。

（8）熟悉餐厅内所经营的各种酒水、饮料，了解其产地、特点、指标、价格等，能够做好推销工作。

（9）按餐厅规定的服务程序和标准及就餐客人的要求，为客人上菜、分菜、斟酒、收换餐具，提供优质服务，令客人满意。

（10）正确地为客人结账，接受客人对菜肴服务等提出的建议或投诉，及时汇报。

（11）客人走后，迅速翻台或为下一餐摆台。

（12）积极做好餐后收尾工作。负责清查包厢情况，补充用具，做整理工作。

（13）交接好方可下班。

二、厨房部

厨房部一般分为热菜厨房和冷菜厨房两类。热菜厨房负责各种蔬菜、鱼、汤、烧烤等食物的烹调，冷菜厨房负责各种面包、糕饼、自助餐等的制作。

1. 行政总厨

负责所有厨房部门的运营与管理，监督食物的准备过程，确保离开厨房的所有食品的品质。行政总厨带领副厨师长、西式糕点主厨、厨房领班、面包师、屠宰员等为客人准备美味可口的食物。

2. 行政总厨助理

负责安排管理厨房部工作人员的每日工作，协助行政总厨安排食品供给消耗计划，协助质量监督管理。

3. 厨师长

制作美食佳肴、展示食品和管理餐饮菜品。

4. 船员厨师

食品的准备和烹调，服从厨师长的指挥。

5. 原料采购人员、仓库管理员

负责所有食品的采购、供应、储存、分发。

6. 厨房清洁工

清洁和维护厨房设备。

7. 洗碗工

清洗厨房所有的餐用具。

三、糕点房

1. 糕饼师管理员

负责管理糕饼师工作人员，监督所有点心的制作和准备所有的糕饼。

2. 糕饼师管理员助理

负责管理糕饼师工作人员，受糕饼师管理员指挥，监督所有点心的制作和准备所有的糕饼。

3. 糕饼师工作人员

制作并准备好有创意的各种美味点心，受糕饼师管理员指挥。

4. 糕饼店实习生

协助准备和烹调所有点心，受糕饼师管理员指挥，清洁和维护制作糕饼的设备。

5. 面包师管理员

负责监督管理面包店工作人员，准备好和烹调好所有面包产品。

6. 面包师管理员助理

负责监督管理面包店工作人员，直接服从于面包师管理员指挥，协助准备和烹调所有面包产品。

7. 面包店工作人员

面包店工作人员负责准备和烹调所有面包产品，直接服从于面包师管理员指挥。

8. 面包店实习生

协助准备和烹调所有面包产品，直接服从于面包师管理员指挥。

子项目三 邮轮餐饮服务人员素质要求

一、思想素质

1. 职业道德

邮轮餐饮服务人员要热爱餐饮服务工作，尊重客人，全心全意为顾客服务，忠实履行自己的职业职责，满足顾客的需要，做好服务工作。除此之外，还要诚信待客、实事求是，维护邮轮信誉和消费者的合法权益。

2. 服务意识

服务意识，是对邮轮服务员的职责、义务、规范、标准、要求的认识，要求服务员时刻保持在客人心中的真诚感，不断提高服务意识。

3. 组织纪律

餐饮服务人员应自觉贯彻执行党和国家的各项方针政策和规定；主动自觉地遵守邮轮公司的规定和部门的各种规章制度，有良好的时间纪律观念。

二、业务素质

1. 文化理论知识

为了服务好客人，使客人产生宾至如归的感觉，餐饮服务人员必须掌握丰富的文化知识。良好的文化素质、专业素质和广博的社会知识，不仅是做好服务工作的需要，而且有利于服务人员形成高雅的气质、广泛的兴趣和坚韧不拔的意志。这些文化知识主要包括以下内容。

（1）掌握我国主要客源国和地区的概况、宗教信仰和饮食习惯。

（2）熟悉我国主要菜系的特点及名菜、名点的制作过程和风味特点。

（3）掌握所供应菜点、酒水的质量标准及性能特点。

（4）要有一定的外语水平。

除此之外，历史知识、地理知识、国际知识、语言知识等也可以使餐饮服务人员在面对不同的客人时能够塑造出与客人背景相应的服务角色，与客人进行良好的沟通。

2. 专业操作技能

餐饮服务的每一项服务、每一项环节都有特定的操作标准和要求，因此餐饮服务人员要熟练掌握餐饮服务的基本技能，懂得各种服务规范、程序和要求，从而达到服务规范化、标准化和程序化。这是做好餐饮服务工作的基本条件。

3. 驾驭自如的语言能力

语言是员工与客人建立良好关系、留下深刻印象的重要工具和途径。语言不仅是交际、表达的工具，它本身还反映、传达企业文化、员工的精神状态等辅助信息。邮轮餐饮接待对象的特殊性，需要邮轮餐饮服务人员必须能够熟练使用英语或者其他外语进行交流，以便更好地为邮轮上的游客提供服务。

4. 应变能力

餐饮服务是一种特殊的人际交往活动，服务人员应主动加强与客人的交往，加深对客人的了解，采取为客人所乐于接受的方式进行服务。在餐饮服务中，有时会发生一些特殊情况，这就要求服务人员有敏锐的观察能力、判断能力，并在遵守邮轮公司各项制度的前提下灵活处理，本着尽快、妥善的原则，尽量满足客人的要求，积极、热情地帮助客人解决问题。

三、身体素质

良好的身体素质是做好服务工作的保证。服务工作中站立、行走、托盘都要有一定的腿力、臂力和腰力，所以要有健康的体魄才能胜任此项工作。除此以外，邮轮公司对员工视力没有特殊要求，但要求脸部应无明显疤痕。餐饮部服务人员要向客人提供餐饮食品，要求服务人员要定期检查，不能有慢性疾病、传染性疾病以及遗传性易发疾病等。由于邮轮员工负荷的工作量比较大，因此，求职者应该加强体能训练，保持健康体魄。

四、心理素质

邮轮行业有着区别于其他行业的特殊性，如果没有好的心态来面对餐饮服务这一行业，那么就无法做好餐饮服务工作。

1. 态度

态度是餐饮员工从业心理中一个重要的组成部分，是否能树立正确的从业态度，决定着餐饮员工从业中的努力程度、待人接物的情绪等，下面从两方面进行阐述。

（1）有的员工认为邮轮服务是专门给人"赔笑脸"的行业，地位低下，工作起来没干劲，这是一种非常消极的从业态度。餐饮员工确实应当对客人笑脸相迎，这是餐饮的服务业性质所决定的，也是人与人之间起码的表达尊重的方式。但对客人笑脸相迎并不意味着餐饮员工就低人一等，而是让客人在邮轮上有一种宾至如归的感觉，让客人感觉到邮轮对他的欢迎，态度的友好与热忱。

（2）有些餐饮员工对客人不是采取一视同仁的态度，而是因人而异，对贵客热情备至，对一般客人则冷脸相迎。客人之间彼此不论背景、地位、经济状况、国籍、外观衣着，在人格上都是平等的，如果餐饮员工在服务中厚此薄彼，那么受到轻慢的客人必然会对邮轮留下不好的印象，使邮轮的发展受到损失。

2. 意志

意志是一个人在面对事物时所表现出来的克服困难、达成目标的决心，这是一种非常成熟的从业心理状态，餐饮员工意志的培养主要表现在以下几个方面。

（1）恒心。餐饮员工虽然每天所面临的客人不一样，但所从事的工作具有相当的重复性。如果没有足够的恒心做支持，就会容易畏难而退，对客人的服务工作就无法很好地开展。

（2）耐心。当客人产生误会时，要耐心地向客人予以解释，直到客人理解为止；当客人所询问的事情没有听明白时，餐饮员工要耐心地将事情说清楚，直到客人得到满意的答复为止。

（3）自律。自律就是将工作要求内化为自己的言行举止。所谓内化，强调的是在无须外来监督管理的前提下，充分地发挥自己的主观能动性，自觉、自主地将工作做得井井有条。

（4）自控。每个餐饮员工都有自己的情感、尊严和正当权利，在餐饮服务工作中，经常会碰到客人与员工之间发生的误会，有时候原因可能出现在客人身上。这时餐饮员工产生一些情绪、采取一定的行为，纯粹地来看可能是合理的。但这一关系所涉及的双方不是纯粹的人与人的关系，而是员工与客人、服务与被服务、拥有权利者和承担义务者的关系，因此这类矛盾的处理方式、处理主导思想就要强调餐饮员工的自控意识。

3. 情感

情感是一个人对所从事的工作以及与工作相关人、事的喜欢、爱好、厌恶等积极或消极的情绪。情感是坚定意志的基础，是紧紧联系员工与邮轮的纽带，是促使员工忘我地投入工作的催化剂，这主要表现在以下两方面。

（1）作为一名餐饮员工，首先应当充分地认识到餐饮服务业的光荣、高尚。

（2）餐饮员工应当热爱自己的同事，处理好与上、下级的关系。拥有良好的与同事和上、下级的关系，有助于自己在工作中时时保持愉快、健康的心态，如果员工之间因为关系不和谐，就会影响对客人的整体服务，给客人留下不好的印象。

模块二

邮轮餐饮服务技能

项目二 托 盘

【项目目标】

◇ 了解托盘的种类、用途等基础知识。
◇ 熟练掌握托盘服务技能的操作规范和方法。
◇ 达到托盘服务技能娴熟、运用自如、处理灵活。

子项目一 托盘基础知识

托盘是餐饮服务人员托送食品、饮料及餐饮用具的常用工具。使用托盘可以减少搬运次数、减轻服务员的劳动强度、提高服务质量和工作效率。

一、托盘的种类

1. 按材质分类

根据托盘的制作材料，可分为木质托盘、金属托盘、塑胶托盘等。

2. 按形状分类

根据托盘的形状，可分为长方形托盘、圆形托盘、椭圆形托盘和异形托盘。

3. 按规格分类

根据托盘运送物品的不同，可分为大型托盘、中型托盘和小型托盘。

（1）小型托盘：小型托盘一般指直径小于 30cm 的托盘。

（2）中型托盘：中型托盘一般指直径为 40cm 左右的托盘。

（3）大型托盘：大型托盘一般指圆形托盘的直径大于 45cm，长方形托盘其中一边大于 50cm。

二、托盘的用途

托盘根据其材质、大小及形状,用途也不同。

1. 按大小分类

(1) 小型托盘:通常用来递送餐桌上的小器皿及账单、收款等。

(2) 中型托盘:主要用于摆台、撤换餐具、酒具、斟倒酒水、托送饮料等。

(3) 大型托盘:主要用于托运较重的菜品、酒水和盘碟等物品。

2. 按材质分类

(1) 金属托盘:是指以不锈钢、镀银、镀铜等材料为原材料及加工工艺制造的托盘。金属托盘具有以下特点:一是坚固耐用;二是使用寿命长;三是易于维护;四是适用广泛。

不锈钢托盘一般用于菜品的运送及厨房菜品配制过程。镀银、镀铜的托盘主要用于小件物品、账单及贵重物品的运送。

(2) 塑胶防滑托盘:这种托盘在制造过程中是熔融状的液体,可以形成各种形状。塑胶托盘具有防滑性好、卫生洁净、质轻耐酸碱、易于护理等特点。

塑胶防滑托盘主要用于餐厅服务中的餐具托送、撤换餐具、酒具、菜品托送等服务。

(3) 木质托盘:主要由材质较硬的木材加工而成,主要是在一些特色餐厅用于餐具托送、撤换餐具、酒具、菜品托送等服务。

3. 按形状分类

(1) 标准托盘(圆形和长方形):主要用于餐厅服务及作为厨房菜品配制辅助工具。

(2) 异形托盘:主要用于特殊的鸡尾酒会或其他庆典活动。

子项目二 托盘训练

一、实训项目操作用具

(1) 托盘、餐巾。

(2) 饮料瓶、易拉罐、酒瓶、各式酒杯。

二、实训项目操作程序

托盘的端托方法按托盘的大小以及所托物品的重量不同可分为轻托和重托(肩托)两种。轻托又称胸前托,主要是用于餐具、酒具的托送、斟酒、上菜、撤换餐具及托送较轻的物品,所托物品重量在 5kg 以内,通常使用中型托盘。重托因为以上肩的方式来托送物品,所以也称为"肩托"或"肩上托",主要用于托送较重的菜品、酒水、餐具等物品,所托物品重量在 5kg 以上,通常使用大型托盘。

托盘操作一般分为五步:第一步理盘;第二步装盘;第三步起托;第四步站立与行走;第五步落盘。

1. 理盘

根据所托的物品选择好托盘,洗净擦干。如果不是防滑托盘,必须在盘内垫上洁净的餐巾,这样既整洁美观又可避免盘内物品滑动。如果使用的是塑胶防滑托盘,可以不用餐巾。

2. 装盘

以安全稳妥、便于运送、便于取用为原则，根据物品的形状（高低）、体积和重量以及摆放和使用先后次序合理安排。装盘是否合理规范，主要是把握在使用托盘托运物品过程中保持托盘的平衡，因此为了使托盘保持平衡，托盘上各种物品的摆放有一定的标准和要求。

盘内的物品要排放整齐美观、横竖成行。具体原则为：一是应将重物、高物放在托盘的里档（也就是靠近身体的里侧、后侧），轻物、低物放在外档（前侧、外侧）；二是先从托盘里取下的物品放在外、在前，后从托盘里取下的物品放在里、在后；三是托盘内物品的摆放分布要得当、均衡，这样装盘安全稳妥，便于物品的运送和有序使用。

3. 起托

装盘完成后，就可以开始起托。因端托物品的轻重不同，轻托和重托的起托姿势略有不同。

（1）轻托起托的正确姿势是第一步先将左脚向前一步，站立成弓步形，左手向上弯曲，小臂垂直于左胸前；第二步用右手将托盘拉出桌面，左手掌心向上，五指分开，以大拇指端到手掌的掌根部位和其余四指托住盘底，手掌自然形成凹形，掌心不与盘底接触；第三步待左手掌握好托盘重心后，将右手放开，同时左脚收回，使身体成站立姿势，托盘平托于胸前，略低于胸部。

（2）重托起托的正确姿势是第一步双手将托盘拉出台面1/3，左手伸开五指托起盘底；第二步掌握好重心后，用右手协助左手向上用力将盘慢慢托起，在托起的同时，左手和托盘向上向左旋转，将托盘送至左肩外上方；第三步托实、托稳后再将右手撤回呈下垂姿势。重托时，装载物品要力所能及，不要在托起后随意地增加或减少盘内的物品。

4. 站立与行走

服务员托起托盘行走时，正确的做法是站立时头正肩平，上身挺直，两眼注视前方；行走时脚步轻盈、动作敏捷、精力集中、步伐稳健；行走自如，随着走动的步伐使托盘自然摆动，以菜汁、酒水不外溢为限；托盘要与身体保持一定的距离，不能紧贴上身，因为人在走动时会有自然的摇动，如果托盘紧靠身体，端托的姿势不够优美，同时因为突发事件使自己容易被物品打伤或菜品烫伤；动作表情要显得轻松自然。

5. 落盘

当物品送到目的地时，就把托盘小心地落盘，落盘时的正确方法是第一步先将左脚向前一步，站立成弓步形，要弯膝但不能弯腰；第二步用左手将托盘放到已经选择好的台面上，同时右手协助将托盘推向桌面里侧；第三步待托盘在桌面放稳后，及时将盘内物品整理或是清理好，注意千万不要在没有放好托盘之前就急于取出上面的东西，那样做容易造成物品的倾倒。

三、实训项目注意事项

（1）要注意盘内物品的重量、数量、重心的变化，左手手指要不断地移动，随时调节托盘的重心，保持托盘的平稳。

（2）不可将托盘越过客人头顶，不允许将托盘随意地放置在宾客的餐桌和座椅上。

（3）托盘不使用时，服务员必须按餐厅标准和要求放在指定位置，不可到处闲置。

（4）从托盘上取物品时，要从两边交替端拿。

（5）当托盘内无物品时，仍应保持正确托盘姿态行走，不可单手拎着托盘边缘行走。

（6）营业结束后，统一收齐交管事部洗碗工清洗、消毒、保管。

总之，端托要严格按照操作规范的要求去做，即使是端较轻、较小的物品，也要严格按规范操作。有些服务员为了方便，用大拇指扣住盘边、以四指托盘底的做法，是对工作的不认真和对宾客不礼貌的表现，是不符合操作规范和要求的。如果端托不规范、姿势不正确，还有可能造成物品坠落或把物品（汤汁、饮料）倒到宾客身上，影响服务质量或被宾客投诉。

四、实训项目考核标准

考核项目	考核标准
托盘姿势要求	1. 用五个手指和手掌根部托住盘底，掌心不与盘底相触，盘面平稳。 2. 物品装盘合理，规范。 3. 平托于胸前，左手臂自然弯曲 90°。 4. 行走时，头正肩平，上身挺直，两眼注视前方，脚步轻捷稳健，托盘随步伐自然摆动。
托盘持重要求	1. 轻托：托盘里装有 1.5L 水的饮料瓶 2 个，站立 3min。 2. 重托：托盘内装满 5kg 以上的盘碟站立 3min 或行走 50m。
托盘平稳要求	1. 行走时托盘内放 2 瓶装满水的酒瓶不倒。 2. 行走时盘内装十杯八分满的红酒，酒水不外溢。 3. 托盘里装有 3 瓶红酒行走 100m 保持较好体态。 4. 托盘内装 8 瓶红酒行走做到平稳、轻松。

项目三 餐巾折花

【项目目标】

◇ 了解餐巾的种类、花型选择等基础知识。
◇ 熟练掌握餐巾折花服务技能的操作规范和方法。
◇ 达到餐巾折花服务技能娴熟、运用自如、处理灵活。

子项目一 餐巾折花基础知识

餐巾是餐厅中常备的一种卫生用品，又是一种装饰美化餐台的艺术品。餐巾折花的主要工作内容是餐厅服务员将餐巾折成各种造型，插在杯内或放置在盘碟内，供客人在进餐过程中使用。

一、餐巾的种类

1. 按材质分类

按照餐巾的材质来说，常见的有全棉餐巾、棉麻餐巾、化纤餐巾和纸质餐巾。

（1）全棉餐巾：吸水性强、柔软舒适，但每次洗涤后需上浆。

（2）棉麻餐巾：质地较硬，便于折叠立体造型。

（3）化纤餐巾：色彩亮丽，透明感强，但吸水较差，去污能力不如全棉餐巾。

（4）纸质餐巾：成本较低，但不够环保，同时显得不正式、档次不高。

2. 按颜色分类

按照餐巾的颜色来说，大体可分为单色餐巾和彩色餐巾两大类。

（1）单色餐巾：以白色为主，给人以洁净、典雅的感觉。其他冷色调的餐巾，如浅绿色、淡蓝色，给人以凉爽、舒适的感觉。暖色调的餐巾如大红色、金黄色，给人以热情、兴奋的感觉。

（2）彩色餐巾：包括不同的色块搭配或彩色图案，一般与餐厅的主题相搭配。

3. 按使用时间分类

按照餐巾的使用时间来说，纸质餐巾一般属于一次性使用的餐巾，而其他材质的餐巾可以较长时间反复使用。

二、餐巾的作用

（1）餐巾是餐饮服务中的一种卫生用品。宾客用餐时，餐厅服务员将餐巾放在宾客的膝上或胸前，餐巾可用来擦嘴或防止汤汁、酒水弄脏衣物。

（2）餐巾可以装饰美化餐台。形状各异的餐巾花摆放在餐台上，既美化了餐台，又增添了庄重热烈的气氛，给人以美的享受。

（3）餐巾花型可以烘托就餐气氛。不同的餐巾花型，蕴含着不同的宴会主题。如用餐巾折成喜鹊、和平鸽等花型可以表示欢快、和平、友好的情感。如用餐巾折出比翼双飞、心心相印的花型送给一对新人，可以表达永结同心、百年好合的美好祝愿。

（4）餐巾花型的摆放可标出主人的席位。在折餐巾花时应选择好主人的花型，主人席位的花型高度应高于其他席位的花型，以示地位尊贵。

三、餐巾花的种类

1. 按餐巾花造型分类

按照餐巾花的造型，可大体分为三类，即植物类、动物类和实物类。植物类、动物类造型的餐巾花，一般都是取其整体或某一局部的外形特征，折出象形的餐巾花。

（1）植物类造型餐巾花：包括各种花草和果实造型。比如餐巾花双荷花就是取荷花花瓣像小船一样凹面向上的特征，寿桃是取其桃心形状的特征。

（2）动物类造型餐巾花：包括常见的鸟、虫、鱼、兽等动物造型。比如餐巾花孔雀开屏就是取开屏的孔雀尾巴像扇面的特征，四尾金鱼则取金鱼尾巴蓬松飘逸的特征。

（3）实物类造型餐巾花：包括各种常见生活用品和自然界中的实物造型。比如帽子、蜡烛、花篮、风车等。

2. 按餐巾花摆放方式分类

按照餐巾花的摆放方式，可大体分为三类，即杯花、盘花和环花。

（1）杯花：即折叠完成后插入酒杯中的餐巾花。这类餐巾花立体感强、造型逼真，但插入和拔出时容易对餐巾和酒杯造成人为污染，还有可能弄碎酒杯，展开后餐巾留下折痕较多，影响美观，同时由于这类餐巾花是立体造型，不便于堆叠存贮，不宜提前大量准备。

（2）盘花：即折叠完成后放在餐盘中的餐巾花。这类餐巾花简洁大方、美观实用，折叠完成后不会自行散开，展开后比较平整，同时这类餐巾花可以提前折叠储存，便于为大型宴会做好准备。

（3）环花：即将折叠完成后套在餐巾环中的餐巾花放在装饰盘上，也可以称之为特殊形式的盘花。餐巾环也叫餐巾扣，可以是金属、陶瓷或塑料等材质，也可以用色彩鲜明、对比强烈的丝带代替，对餐巾花起到约束成型的作用。

四、餐巾花型的选择

花型的选择和运用一般是根据餐厅的装饰风格、宴会的性质、规模、餐厅的大小、冷盘的造型、季节时令、来宾的宗教信仰和习惯、宾主的座次安排、餐具的规格等诸多因素考虑的。总之，选择的花型要与餐厅的环境气氛协调，以达到总体美观的效果。

（1）根据餐厅的大小选择花型。大型餐厅一般选用简单、统一的花型；小型餐厅可以在同一餐桌上摆放不同的花型，或选择较为复杂的花型，营造一种生动活泼的气氛。

（2）根据宴会性质选择花型。根据宴会的性质选用与之相应的花型，如利用餐巾花可以组成鸟语花香、友谊花篮、热爱和平、百花齐放、百鸟朝凤、蝴蝶闹席、花好月圆等富有寓意的台面，突出宴请主题，渲染宴请气氛。

（3）根据宴会规模选择花型。一般在承办大型宴会时，主宾席应选用折叠精细、造型美观的花型，其他桌可选用一类或一种花型，每台的花型互不相同，可使整个宴会布局显得整齐、美观、大方。如果是单桌或两三桌的小型宴会，在同一桌上使用不同种类的花型，或用两三种花型相间搭配，可使席面折花显得造型各异，丰富多彩，既多样又协调。

（4）根据冷盘造型及菜肴特色选择花型。冷盘的造型若是鸟则折叠飞禽类花型；冷盘是花则以植物类花型衬托，花与菜肴相互呼应，形成一种欢快活泼的气氛。

（5）根据时令季节选择花型。按季节选择花型，使台面的花反映出季节的特色，可给人时令感。春季可选用迎春、月季以示满园春色的气氛；夏季可选用荷花、玉兰花等可令客人感到凉爽；秋季可选用菊花、秋叶等花型；冬季可选用如梅花等。

（6）根据接待对象（宾客的宗教信仰和风俗习惯）选择花型。来自不同国家和地区的宾客，他们在宗教信仰、风俗习惯以及性别年龄等方面存在差异，这就需要根据实际情况区别对待，尽可能选择客人喜欢的花型。

（7）根据主宾席位选择花型。宴会主宾，主人席位上的餐巾花应选择较名贵、叠工精细、美观醒目的花型，其目的是使宴会的主位更加突出。

（8）根据餐碟的尺寸选择花型。

子项目二　餐巾折花训练

一、实训项目操作用具

（1）餐巾。
（2）酒杯、餐盘、筷子。

二、实训项目操作程序

餐巾折花的常用手法包括折叠、推折、卷、翻拉、穿、捏六种，如图2-1所示。

1. 折叠

折叠是餐巾折花最基础的手法，就是沿一条线将餐巾进行折叠。按照折叠时餐巾两边是否对称，可将折叠手法大体分为对称折叠和非对称折叠两种。使用折叠手法折餐巾花时，要熟悉要折餐巾花的基本造型，折叠前算好角度，争取一次折叠成功。反复折叠将会造成餐巾上留下一条条褶痕，影响餐巾花的美观。

2. 推折

推折的基本手法是两手拇指相对并成一线，两手拇指下侧面压紧餐巾，指肚面向外，两手食指控制要折褶皱的宽度，两手拇指向前推至与两手食指分别并拢形成第一个褶皱，松开两手食指到下一个褶皱需要的宽度，两手拇指再向前推至与两手食指分别并拢形成第二个褶皱，以此类推，完成所需的全部褶皱。

按照在餐巾上推折出的褶皱是否均匀，可将推折手法大体分为均匀推折和非均匀推折两种。均匀推折即要求每次推折时，两手食指控制褶皱宽度都一致，这样推折出来的所有褶皱都是均匀的，最终得到褶皱比较平整、均匀的花型。非均匀推折即每次推折时，两手食指控制褶皱宽度不一致，一般以左手食指控制的褶皱宽度为基准，右手食指控制的褶皱宽度适当放宽，这样推折出来的褶皱会出现一头宽一头窄的效果。

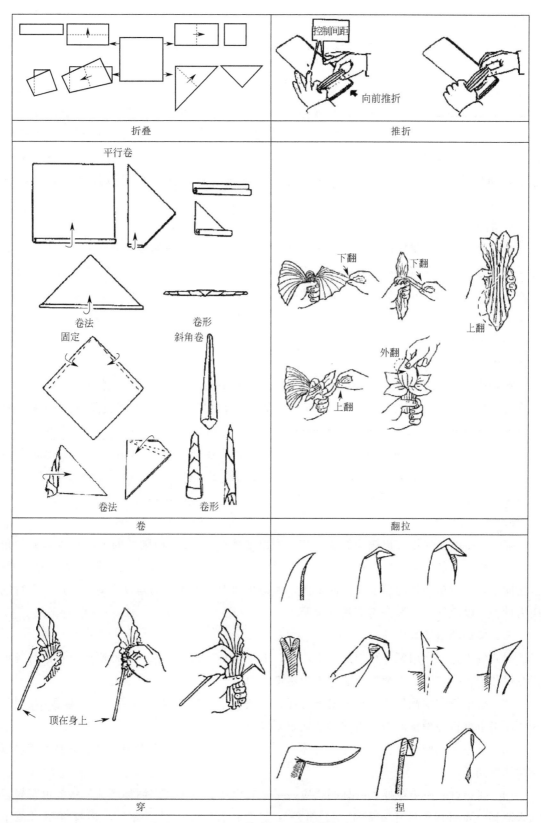

图 2-1　餐巾折花常用手法

3. 卷

卷是将餐巾卷成圆筒状，并在此基础上折出各种花型的一种手法。按照餐巾卷成的圆筒是否规整，可将卷的手法大体分为直卷和螺旋卷两种。直卷，即将餐巾卷成上下一样粗的圆柱状。先用两手折叠餐巾的一边，注意两头一定要折叠同样的宽度，然后顺势卷，这样就可以保证卷出来的餐巾圆筒两头齐平。螺旋卷，即先用两手按住餐巾的一边，比如左手固定餐巾的一角，右手将餐巾向上折叠一定宽度，再顺势卷，这样卷出来的餐巾筒就是一头粗一头细的。一般来说，无论是直卷还是螺旋卷，餐巾都要卷紧，如果卷得松就无法得到挺括的效果。但如果杯口过粗，也可以适当卷松一些保证餐巾花可以直立在杯子里。

4. 翻拉

翻拉手法一般是将餐巾的一角翻成所需的造型，如花草的花瓣或叶片，鸟类的头颈、翅膀、尾巴等。翻拉花草的花瓣或叶片时，要注意翻拉出来的花瓣或叶片大小要对称，角度要一致。还要注意处理好细节，比如荷花的花瓣是像小船一样凹面向上的，如果翻成凸起的花瓣就不像了。翻拉鸟的头颈、翅膀、尾巴时，同样也要注意大小、对称的问题，特别是鸟的颈部不宜过粗。

5. 穿

穿是指用工具（一般用筷子）从餐巾的夹层缝中边穿边收，形成褶皱，使造型更加逼真美观的一种手法。穿时左手握住折叠好的餐巾；右手拿筷子，将筷子的一头穿进餐巾的夹层缝中；另一头顶在自己身上，然后用右手的拇指和食指将筷子上的餐巾一点一点往筷子上拉，同时形成褶皱，褶皱要尽量均匀，直至把筷子头露出来；然后把穿着筷子的餐巾花插进杯子，调整好餐巾花造型后，再把筷子抽掉，因为如果没有杯口的约束，褶皱可能会散开。

6. 捏

捏这一手法主要用于折叠鸟类餐巾花的头部（鸟嘴）。首先用翻拉的手法将餐巾的一角翻拉出来作为鸟的颈部，然后用一只手的大拇指、食指和中指三个指头，捏住鸟颈的顶端；食指向下，将餐巾一角的顶端尖角向下压，大拇指和中指将压下的角捏出鸟嘴。此处要特别用力地捏，以免松手后散开鸟嘴就不像了。

三、实训项目注意事项

（1）餐巾是顾客用餐过程中的卫生用品，卫生是最起码的要求。因此服务员在进行餐巾折花操作前，一定要洗手消毒，避免人为污染餐巾。

（2）餐巾折花的操作地点也要妥善选择，一般在干净的托盘背面或较大的餐盘中进行。为便于餐巾推折等操作，与餐巾接触的地方要确保光滑。

（3）餐巾折花操作过程中不允许有嘴吹、牙咬、下巴按等动作出现，尽量不要讲话，以免唾沫溅到餐巾上。

（4）将折好的餐巾花插入酒杯时，应一手拿餐巾花，一手固定酒杯底部，将餐巾花轻轻插入酒杯，同时保持餐巾花的造型。另外要注意手不允许接触酒杯口，杯身也不可留下指纹。

四、实训项目考核标准

考 核 项 目	考 核 标 准
餐巾折花手法要求	熟练掌握六种餐巾折花基本手法。
餐巾折花数量要求	1. 熟练掌握十种以上常用盘花花型。 2. 熟练掌握十种以上常用杯花花型。
餐巾折花质量要求	1. 折叠手法正确、卫生。 2. 餐巾折花一次成型。 3. 花型逼真、线条清晰、美观大方。 4. 五分钟内完成十种常用盘花花型。 5. 五分钟内完成十种常用杯花花型。

项目四 斟 酒

【项目目标】

◇ 了解酒水基础知识。
◇ 熟练掌握斟酒服务技能的操作规范和方法。
◇ 达到斟酒服务技能娴熟、运用自如、处理灵活。

子项目一 斟酒基础知识

斟酒服务是餐厅服务员的重要工作内容之一。服务员为顾客斟倒酒水时,应该遵循规范的操作要领、使用专业的工具并具有优美的仪态,同时服务员还要拥有广博的酒水知识,只有这样才能为客人提供满意的服务。

一、酒水分类

酒水又称饮品、饮料,是人类所饮用的一切含酒精与不含酒精的饮料的统称。酒水可以按是否含有酒精分为无酒精饮料和酒精饮料。

无酒精饮料又称软饮料,是指液体在稀释后或不稀释后卖给消费者的一种不含酒精的、提神解渴的饮料。无酒精饮料包括茶、咖啡、可可、乳饮料、矿泉水、碳酸饮料、果蔬饮料等。

酒精饮料又称硬饮料,是指人们利用水果、谷物等原料通过一些特殊的酿造工艺制成的一种含酒精的饮料,即通常所说的酒。酒精饮料按制作工艺可分为发酵酒、蒸馏酒和配制酒。其中发酵酒包括葡萄酒、啤酒等;蒸馏酒包括白兰地、威士忌、金酒、伏特加、朗姆、特基拉、中国白酒等;配制酒包括开胃酒、利口酒、甜食酒、鸡尾酒等。

二、常见酒水介绍

1. 无酒精饮料

(1)茶是以茶叶为原料,经过沸水泡制而成的热饮品或凉饮品。茶是风靡世界的三大无酒精饮料之一,我国是世界上最早将茶叶作为饮料的国家。茶叶按照制作工艺的不同,大体可分为两大类,即基本茶类和再加工茶类。基本茶类包括绿茶、红茶、青茶、白茶、黄茶、黑茶等。再加工茶类包括花茶、紧压茶、果味茶、草药茶等。

(2)咖啡是以咖啡豆为原料,经过烘焙、研磨或提炼并经水煮或冲泡而成的饮品。咖啡与茶叶、可可并称为世界三大饮料植物。"咖啡"(Coffee)一词源自埃塞俄比亚的一个名叫卡法(kaffa)的小镇,在阿拉伯语中的意思是"力量与热情"。

(3)可可是指含有可可粉的任何饮品,是由可可树的种子(可可豆)经加工和磨粉,再经冲泡制成的饮料。

(4)乳饮料是指鲜奶和以鲜奶为原料加入其他添加剂加工制成的饮料的总称。牛奶是最古老的天然饮料之一，被誉为"白色血液"，一般牛奶的主要化学成分有水分、脂肪、蛋白质、乳糖、无机盐等。

（5）矿泉水是指含有适量矿物质成分、从地层岩石中渗出的地下水，含有丰富的矿物质，主要有钙、镁、钠、钾等无机盐类，水质好，无污染，营养丰富。世界知名的三大矿泉水品牌是法国伊云矿泉水、俄罗斯北高加索矿泉水、中国崂山矿泉水。

（6）碳酸饮料是指在原料中添加了糖、香料、酸味剂、无机盐及人工碳酸气等制成的饮料。二氧化碳在饮料中的作用一是开瓶时二氧化碳气体大量涌出，可促进人们饮用的欲望；二是二氧化碳气体可以刺激胃液的分泌，促进消化，增强食欲；三是在炎热的夏天，饮料中的二氧化碳带走体内的热量，可降低体温，使人有凉爽的感觉。常见的碳酸饮料品种有苏打水、汤力水、可口可乐、百事可乐、雪碧、七喜等。

（7）果蔬饮料是指以水果或蔬菜为主要制造原料的饮料。按照饮料中所含水果或蔬菜的比例及制作工艺的不同可将其分为浓缩果蔬饮料、纯果蔬饮料、稀释果蔬饮料和果蔬汁饮料。常见的果蔬饮料品种有橙汁、葡萄汁、梨汁、桃汁、番茄汁、胡萝卜汁等。

2. 酒精饮料

（1）发酵酒即以水果、谷物为原料，通过发酵方法制成的酒。常见的发酵酒有啤酒和葡萄酒等。

啤酒是以大麦芽、啤酒花、水为主要原料，经酵母发酵作用酿制而成的饱含二氧化碳的低酒精度酒。

葡萄酒是采集新鲜的葡萄，压榨成汁，经过发酵过程而成的一种低酒精度的饮料，其酒精度不能低于8.5%（V/V）。

（2）蒸馏酒又称烈酒，是将含有糖分、淀粉的原料经发酵、蒸馏而得到的酒精度较高的酒。常见的蒸馏酒有白兰地、威士忌、金酒、伏特加、朗姆、特基拉、中国白酒等。

白兰地是以葡萄、苹果等水果为原料发酵、蒸馏而得到的蒸馏酒，酒精度40%～48%（V/V）。

威士忌是以大麦、黑麦、玉米等谷物为原料，经发酵、蒸馏后放入橡木桶中陈酿而制成的蒸馏酒，酒精度38%～48%（V/V）。

金酒，又称琴酒或杜松子酒，为无色液体，酒精度约为40%（V/V），杜松子是主要的增香物质。

伏特加是以玉米、小麦、稞麦、大麦及马铃薯等为原料，经发酵、蒸馏、过滤制成的高纯度烈性酒，酒精度35%～50%（V/V）。

朗姆是英文Rum的音译，是以甘蔗或糖蜜为原料，经发酵、蒸馏而生产的一种蒸馏酒，酒精度40%（V/V），有深褐色、金黄色和无色三个品种。

特基拉酒是以墨西哥著名植物龙舌兰的根茎为原料，经发酵、蒸馏制成的烈性酒，酒精度38%～44%（V/V），带有龙舌兰的芳香。

中国白酒是中国特有的一种蒸馏酒，由淀粉或糖质原料制成酒醅或发酵醪经蒸馏而得，又称烧酒、老白干、烧刀子等。著名的中国白酒有茅台酒、五粮液、剑南春、泸州老窖、汾酒、西凤酒等。

（3）配制酒是以发酵酒、蒸馏酒或食用酒精为基酒，通过浸泡或掺兑的方法，加入香草、香料、果实、药材等配制而成的酒。常见的配制酒有开胃酒、利口酒、甜食酒、鸡尾酒等。

开胃酒一词最早来源于拉丁文"Apertitiuvum"，该词含义是打开人们的胃口。开胃酒主要包括味美思酒、雪利酒、苦酒、茴香酒等。

利口酒可以称为餐后甜酒，是由英文 Liqueur 英译而来的，它是以蒸馏酒为基酒配制各种调香物品，并经过甜化处理的酒精饮料。利口酒主要包括水果类利口酒、香草植物类利口酒、种子类利口酒、鸡蛋与奶油利口酒和薄荷利口酒等。

甜食酒又叫甜点酒，是以葡萄酒为主要原料，加入少量白兰地酒或食用酒精制成的配制酒。其主要特点是口味较甜，通常是佐助餐后甜食时饮用的酒品。甜点酒种类有波特酒、马德拉酒、马拉加酒和马萨拉酒。

鸡尾酒由英语 Cocktail 翻译而成，鸡尾酒是以一种或几种烈酒（主要是蒸馏酒和酿制酒）作为基酒，与其他饮料如汽水、果汁等一起用一定方法调制后经装饰而成的混合饮料。鸡尾酒常以各种蒸馏酒、利口酒和葡萄酒为基本原料，与柠檬汁、苏打水、汽水、奎宁水、矿泉水、糖浆、香料、牛奶、鸡蛋、咖啡等混合而成。

子项目二　斟酒训练

一、实训项目操作用具

（1）白酒瓶、红酒瓶、啤酒瓶、易拉罐等。

（2）白酒杯、红酒杯、啤酒杯、饮料杯等。

（3）直柄酒起子、双柄酒钻、侍酒师开瓶器等。

二、实训项目操作程序

斟酒服务流程包括准备酒水、示瓶、开启酒水、斟倒酒水四个步骤。

1. 准备酒水

（1）酒水包装完好。酒水包装包括酒水的外包装盒及酒水封口。如果酒水有外包装盒，必须保证外包装盒的完好，如果有防伪类封条，必须保证封条的完好。如果酒水没有外包装盒，必须保证酒水封口的完好。为客人提供包装完好的酒水是对客人的尊重，同时避免了客人对酒水真伪的怀疑。

（2）酒水外观洁净。在酒水包装完好的基础上，还要保证酒水外观洁净。保存过程中酒水外包装可能会落灰变脏，但最起码应该在提供给客人之前做好清洁工作。绝对不能出现酒水递到客人手里，客人摸一手灰的情况。

（3）酒水温度要求。不同酒水有不同的饮用温度要求。在为客人进行酒水服务时要对酒水温度提前进行准备。酒水处理方法一般分为冰镇和温热两种。中国白酒一般在常温下饮用，不需要特殊处理。

冰镇：是指许多酒水的最佳饮用温度要求低于常温。如啤酒的最佳饮用温度为 8～11℃，白葡萄酒的最佳饮用温度为 8～12℃，这些酒水都需要提前进行冰镇处理。

① 冰箱冷藏：提前将酒品放入冷藏柜内，使其缓慢降至饮用温度。一般用于饮料和啤

酒的冰镇。

② 冰桶冰镇：其方法是准备好需要冰镇的酒品和冰桶，将酒瓶插入放有冰块（冰块不宜过大或过碎）的冰桶中，10分钟左右即可达到冰镇效果。一般用于白葡萄酒、香槟酒和玫瑰葡萄酒的冰镇。

③ 冰块降温：将2~3块食用冰块放入饮用杯内，然后进行斟酒，使酒液在杯中降温并稀释。金酒、威士忌、利口酒等一般用此种方法降温。

④ 溜杯降温：是用冰块对杯具进行降温处理。服务员手持酒杯的下部，杯中放入一小块冰块，将冰块放在杯壁旋转溜滑，降低杯子的温度，以达到降温的目的。

温热：亦称升温、温烫，即某些酒品在饮用前要对酒进行升温处理，以使酒味更浓郁醇厚，喝起来更有滋味。如黄酒、日本清酒要做升温处理，中国黄酒的最佳饮用温度为38℃左右。有些地区喝白酒也需要温烫。温酒的方法有水烫、烧煮、燃烧、冲泡四种。水烫和燃烧一般是当着客人的面进行操作的，水烫放置在台面上可以增添恬静、雅致的就餐气氛，而熊熊的火焰则形成了热烈欢快的局面。

2. 示瓶

示瓶是服务人员将比较贵重的酒在斟酒前出示给宾客过目的一个服务程序，也是酒品销售的一个重要环节。示瓶的目的是：让客人核实所点的酒品品种准确无误；同时，让客人自己通过酒瓶的商标和外观进一步验证所销售的酒品货真价实；通过示瓶也可以向客人表明服务人员的周到和对客人的尊敬。具体操作方法是：服务员站在点酒客人的右侧，左手持折叠好的餐巾，包托着瓶底，右手扶瓶颈，酒瓶的商标朝向客人，让客人辨认商标、品种，直至客人点头认可。示瓶是斟酒服务的第一道程序，它标志着服务操作的开始。

3. 开启酒水

如何开启酒水取决于酒水的包装形式，不同包装形式的酒水在开启时都有标准的操作规范。常见的酒水包装有瓶装、罐装和坛装等。

（1）瓶装酒水的开启。瓶装酒的瓶子为玻璃、陶瓷等材质，封口方式有冲压式盖封、螺旋形盖封或塑料、软木塞盖封。

开启冲压式盖封时，将酒瓶放在操作台上，左手扶酒瓶颈部，右手握酒起子，压于酒封上，扳启即可。操作时可以在酒瓶下垫餐巾防止酒瓶滑动，右手扳酒起子时不可用力过猛。

开启螺旋形盖封时，将酒瓶放在操作台上，左手握在酒瓶中间略上部位，右手握紧酒瓶盖，按指示方向旋转打开即可。操作时可用餐巾盖在酒瓶盖封上避免手滑。一般顺时针方向为拧紧，逆时针方向为拧松（打开）。

开启塑料或软木塞时，应先将塞封外面的包装物去掉，然后将酒瓶放在操作台上，左手扶酒瓶颈部，右手持酒钻钻入塞封，待钻头钻到位时，将酒钻两侧压杆慢慢向下压，瓶塞即被拔出。酒钻钻入塞封时要注意钻入的深度，一般以塞封的2/3为宜，切不可将塞封钻透。

（2）罐装酒水的开启。罐装酒水一般是用易拉罐包装，易拉罐即用罐盖本身的材料经加工形成一个铆钉，外套上一易拉环再铆紧，配以相适应的刻痕而成为一个完整的罐盖。开启时只需轻轻拉动易拉环，就可以沿罐盖的刻痕将易拉罐轻松开启。开启时要注意先将易拉环轻轻拉开，慢慢扩大直至全部拉开，切不可用力过猛将易拉环拉断。

(3) 坛装酒水的开启。传统的坛装酒水是用黄泥或石膏封口，开启时要小心地将黄泥或石膏形成的壳用小榔头敲破，再揭开内层密封用的荷叶或笋壳等物。现在的坛装酒大多是用塑料或软木塞封口，但又不像瓶装酒的软木塞那样深，一般不需要借助工具，手工就能开启。注意敲黄泥或石膏壳时要从边缘慢慢开始敲，不要从中心开始敲，避免将外壳直接敲碎污染酒水。

4. 斟倒酒水

(1) 斟酒顺序

中餐斟酒顺序：待客人入座后，中餐宴会和零点服务一般是从主宾位置开始，按照男主宾、女主宾、再主人的顺序顺时针方向绕桌斟酒。有时也从年长者或女士开始斟酒，若是两位服务员同时服务，则一位从主宾开始，另一位从副主宾开始，按顺时针方向进行。

西餐斟酒顺序：西餐宴会用酒较多，几乎每道菜配有一种酒，吃什么菜配什么酒，应先斟酒后上菜，其顺序为：先斟女主宾，后斟男主宾，然后为主人斟酒，再为其他宾客按座位顺时针方向依次斟酒。如果有国家元首（男宾）参加，饮宴则应先斟男主宾位，后斟女主宾位。

(2) 斟酒形式

按照服务员斟倒酒水时是否借助于托盘可分为托盘端托斟酒和徒手斟酒。

托盘端托斟酒，即服务员将顾客选定的酒水、饮料放于托盘内，然后左手端托盘，右手取酒水斟倒，根据顾客的要求依次将所需酒水斟入杯中。这种斟倒方法可以一次为不同的顾客提供不同的酒水服务。徒手斟酒，即服务员左手持餐巾，右手持酒瓶，商标面对着客人，将顾客选定的酒水依次斟入顾客的酒杯中。

徒手斟酒，按照服务员斟倒酒水时是否将酒杯端起可分为捧斟和桌斟。

捧斟即斟酒服务时服务员站立于顾客右侧身后，右手握瓶，左手将客人酒杯从餐桌上端起，斟酒后再将酒杯放回原位。捧斟方式一般适用于非冰镇酒品。捧斟取送酒杯时动作要轻、稳、准、优雅大方。

桌斟即服务员左手持餐巾，背在身后，右手持酒瓶的下半部，酒瓶的商标朝向宾客，站在客人的右后侧，右脚朝前，侧身而进，右脚跨在两椅之间，两脚呈丁字形，右臂伸出进行斟酒，身体微微向前倾，不要紧靠客人，也不要离太远，斟酒完毕，将瓶口抬起并顺时针旋转45°后向回收瓶。每斟一次擦一次瓶口，手持酒瓶要小心，勿振荡起瓶中的沉淀。

无论采用哪种斟倒酒水的方式，都要注意酒瓶口应与酒杯口保持一定的距离，以免有碍卫生及操作时发出声响。

(3) 斟倒量的控制

中餐在斟各类酒水时，习惯以八分满为宜，以示对宾客的尊重。

西餐斟酒的要求是：红葡萄酒倒 1/3 杯；白葡萄酒倒 2/3 杯；白兰地酒倒 1/5 杯，其标准是将白兰地杯横放，以酒液不溢出杯口为准；香槟酒在斟酒时先向杯中斟 1/3 的酒液，待大量泡沫消失后，再向杯中斟至杯的 2/3 处为宜；啤酒要沿着杯壁缓慢斟倒，分两次进行，以泡沫不溢为准。

但目前大部分餐厅的斟酒量是根据酒的饮用特点及杯具的容量确定的。

三、实训项目注意事项

1. 操作规范卫生

斟酒服务要有规范的操作，干净卫生是最起码的要求。将酒水运送到客人面前时必须用托盘，酒水必须保持完整的包装，必须当着客人的面开启酒水。

2. 使用专业的工具

不同酒水的封装方式不同，有的开启时需要借助专业的工具。使用专业的工具为顾客提供斟酒服务既是开启酒水的需要，同时也是服务员专业素质的体现。

常用的开酒器有两大类：一类是专门开启瓶盖的扳手，又名酒起子；另一类是专门开启木塞瓶的螺旋钻，又名酒钻。选用酒钻时应注意，酒钻的螺旋部分应大些，钻头尖而不带刃，最好选用带有一个起拔杆的，以便使用时可使瓶塞平行拔起，从而提高开酒速度。

3. 注意操作安全

斟酒服务还要注意安全问题，比如开启酒水时要避免酒瓶破碎、运送酒水时要避免跌落等问题。开启啤酒时如果有较大的震动，可能引起泡沫爆发涨破酒瓶。酒钻的钻尖或切割下的锡封如果操作不当可能划伤服务员的手。为客人斟倒酒水时如果没拿好酒瓶，酒瓶可能滑落打碎酒杯或将酒水洒到客人身上甚至酒瓶砸到客人。所以斟酒服务不仅要规范、专业，还要保证客人和服务员不会受到伤害。

4. 酒水保存问题

一般的瓶装酒水应直立放置于阴凉通风处，不要让酒瓶受到阳光的照射，以免酒温升高而使酒质变异或褪色。木塞类的酒水存放时应平放或瓶口向下放置，将木塞浸在酒液中避免木塞干化而造成密封不严。坛装酒水因为坛壁上可能有砂眼，所以要经常检查有无渗漏的现象。另外，含气的酒水贮放或提取的时候避免强烈震荡或碰击，以免发生爆炸。酒水必须存放在温度高于零摄氏度的环境中，否则酒水结冰体积膨胀会涨破酒瓶。

5. 斟酒服务问题

(1) 瓶口不能搭在酒杯口上，以防止将杯口碰破或将酒杯碰倒，但也不要将瓶拿得过高，以免酒水溅出杯外。瓶口与杯口之间保持一定距离，以 2cm 为宜。

(2) 凡需使用冰桶的酒从冰桶中取出后，应以一块服务巾包住瓶身，以免瓶外水滴弄脏了台布或宾客衣物；使用酒篮的红葡萄酒的瓶颈下应垫一块布巾或餐巾纸。

(3) 斟酒时，要随时注意瓶内酒量的变化情况，瓶内酒量越少，流速越快，流速过快容易冲出杯外，所以，要随时注意酒量变化，以适当倾斜度控制酒液流出速度。

(4) 要随时观察杯中宾客酒水的饮用情况，当宾客杯中酒水少于 1/3 时，应征询客人意见，及时斟酒。瓶内酒水不够斟满一杯时，为了尊重客人，应换上一瓶酒再斟，切忌先斟半杯、再续半杯的情况发生。

(5) 宴会上，主宾通常要讲话，讲话结束后，双方都要举杯祝酒，所以，在讲话前，服务员要将酒水斟齐，以免祝酒时杯中无酒。

(6) 主宾讲话时，服务员要停止一切操作，站在适当的位置，并保持肃静。讲话结束时，负责主桌的服务员要将讲话者的酒水送上供祝酒之用。有时，讲话者要走下台向各桌宾客敬酒，这时要有服务员托着酒瓶跟在讲话者身后，随时准备为其添酒。

（7）由于操作不慎而将酒杯碰翻时，应向宾客表示歉意，并立即将酒杯扶起，检查有无破损；如有破损，要立即更换新的；如无破损，要迅速用一块干净餐巾铺在酒迹上，然后将酒杯放回原处，重新斟酒；如果是宾客不慎将酒杯碰倒、碰破，服务员也要这样做。

四、实训项目考核标准

考核项目	考核标准
斟酒姿势要求	1. 站在客人的右后侧，面向客人，身体与宾客保持合适的距离。 2. 右手握瓶下半部，商标面向客人。 3. 瓶口与杯口保持2cm的距离。 4. 收瓶时，能旋转瓶身，抬起瓶口。
斟酒标准要求	1. 白酒斟倒服务 ◇ 酒水外观完整干净。 ◇ 当客人面熟练开启酒水。 ◇ 从主宾位开始顺时针斟倒酒水。 ◇ 白酒斟倒以白酒杯八分满为宜。 2. 红酒斟倒服务 ◇ 酒水外观完整干净、温度适宜。 ◇ 当客人面熟练开启酒水（如需醒酒则提前准备）。 ◇ 请主人试饮酒水。 ◇ 主人认可后，按女士优先的原则斟倒酒水。 ◇ 红酒斟倒以红酒杯三分之一为宜。 3. 啤酒斟倒服务 ◇ 酒水外观完整干净、温度适宜。 ◇ 当客人面熟练开启酒水（动作轻缓，谨防爆瓶）。 ◇ 从主宾位开始顺时针斟倒酒水。 ◇ 啤酒斟倒以八分酒液、二分泡沫为宜。
斟酒质量要求	◇ 斟酒量控制标准，不滴不洒，不少不溢。

项目五　摆　　台

【项目目标】

◇ 了解餐台、台布、餐具、席位安排等摆台基础知识。
◇ 熟练掌握中餐摆台、西餐摆台服务技能的操作规范和方法。
◇ 达到摆台服务技能娴熟、运用自如、处理灵活。

子项目一　摆台基础知识

餐台的布置称为摆台，即将餐具、酒具以及辅助用品按照一定的规格整齐美观地铺设在餐桌上的操作过程。摆台包括铺台布、餐台排列、席位安排、餐具摆放等。摆台要求做到清洁卫生、整齐有序、各就各位、放置得当、方便就餐、配套齐全。这样既可以保证用餐环境的方便舒适，又可以给就餐的客人以良好的心理感受。

一、餐台

摆台首先要选择合适的餐台，根据就餐人数选择餐台的规格，然后根据餐台的规格选择相应的台布等物品。

1. 中餐餐台

中餐餐台常见的有圆台、方台和长方台。

（1）圆台　圆台即圆形的台面，常见的规格有直径120cm、150cm、180cm、200cm、220cm、240cm、260cm等。根据就餐人数，一般6人可选择直径120cm的台面、8人可选择直径150cm的台面、10人可选择直径180cm的台面。

（2）方台　方台即正方形的台面，常见的规格有边长90cm、100cm、120cm等。根据就餐人数，一般2人可选择边长90cm的台面、4人可选择边长100cm的台面、8人可选择边长120cm的台面。

（3）长方台　长方台即长方形的台面，常见的规格有长120cm宽80cm、长160cm宽80cm、长180cm宽120cm等。根据就餐人数，一般4人可选择长120cm宽80cm的台面、6人可选择长160cm宽80cm的台面、10人可选择长180cm宽120cm的台面。

2. 西餐餐台

西餐餐台常见的有方台和长方台，而就餐人数较多时则用小的台面拼接出比较大的台面，比如一字形餐台、回字形餐台、马蹄形餐台、U字形餐台、E字形餐台、T字形餐台等。

二、台布

台布是餐厅摆台所必备的物品之一。台布的规格及色泽的选择，应与餐台的大小、餐厅的风格协调一致。

1. 台布的种类

（1）按台布的形状分类，大体有三种：正方形、长方形和圆形。正方形常用于方台或圆台，长方形则多用于西餐各种不同的餐台，圆形台布主要用于中餐圆台。

（2）按台布的颜色分类，有纯色的台布和花色的台布。比较常见的台布颜色有白色、黄色、粉色、红色、绿色等。选择台布的颜色，要与餐厅的风格、装饰、环境相协调。

2. 台布的规格

（1）正方形台布　正方形台布常见的有边长 140cm 的台布，适用于边长 90cm 的方台；边长 160cm 的台布，适用于边长 100cm 或 110cm 的方台；边长 180cm 的台布，适用于直径 150cm 或 160cm 的圆台；边长 200cm 的台布，适用于直径 170cm 的圆台；边长 220cm 的台布，适用于直径 180cm 或 200cm 的圆台；边长 240cm 的台布，适用于直径 220cm 的圆台；边长 260cm 的台布，适用于直径 240cm 的圆台。

（2）长方形台布　长方形台布常见的有长 200cm 宽 160cm、长 300cm 宽 180cm 等不同规格。这类台布用于长方台及西餐各种餐台，可根据餐台的大小形状选用不同数量的台布，一块不够用时还可以拼接，拼接时注意将接口处按压整齐。

（3）圆形台布　圆形台布一般为圆形餐台特别定制，即根据餐台的大小将台布制成大于餐台直径 60cm 的圆形台布，这样台布铺到餐台上后，圆周可下垂 30cm。

三、餐具

1. 中餐餐具

中餐摆台常用的餐具有餐碟、筷子、筷架、汤匙、汤碗、杯子等。

（1）餐碟：又称为骨碟，主要用途是盛装餐后的骨头和碎屑等，在中式餐台摆台时也起到定位作用。

（2）筷子：以材质分类种类很多，有木筷、银筷、象牙筷等。

（3）筷架：用来放置筷子，保证筷子更加清洁卫生。有瓷制、塑胶、金属等各种材质，造型各异。

（4）汤匙：一般瓷制小汤匙（调羹）放在汤碗中，而金属长把汤匙或者是大瓷汤匙一般用作宴会的公用勺，应该摆放在桌面的公用筷架上。

（5）汤碗：专门用来盛汤或者吃带汤汁菜肴的小碗。

（6）味碟：用来盛装酱油和调料用的小碟子。

（7）杯子：包括瓷制的茶杯和玻璃制的酒杯等。

（8）其他：不同的场合下，桌面上可能还会添加其他东西，如：烟灰缸、调味瓶、牙签盅、花瓶、台号、菜单等。

2. 西餐餐具

西餐摆台常用的餐具有装饰盘、餐刀、餐叉、黄油刀、面包盘、黄油碟、汤匙、水杯、葡萄酒杯等。

（1）装饰盘：一般餐厅设计为直径 12 寸左右，可以作为西餐摆台的基本定位。

（2）餐刀：主餐刀正餐使用；开胃品刀享用头菜和沙拉时使用；鱼刀享用海鲜或者鱼类时使用；牛排刀前端有小锯齿，享用牛排使用。

（3）餐叉：主餐叉正餐时使用、开胃品叉享用前菜或者沙拉时使用、鱼叉享用鱼类或海鲜时使用、甜点叉享用甜点时使用。

（4）黄油刀：用来将黄油涂抹在面包上的重要工具，常会与面包盘搭配摆设。

（5）面包盘：用来摆放面包的，个体较小，一般直径大约6寸。

（6）黄油碟：放黄油的小碟，和面包盘配套摆放。

（7）汤匙：浓汤匙享用浓汤时使用、清汤匙享用清汤时使用、甜点匙享用甜点时使用。

（8）水杯：用来盛饮用水。

（9）葡萄酒杯：分为红葡萄酒杯和白葡萄酒杯，一般红葡萄酒杯略大于白葡萄酒杯。

四、席位安排

1. 中餐席位安排

中餐宴会通常都有主人、副主人、主宾、副主宾及其他陪同人员，各自都有固定的座次安排。席位安排如图2-2所示。

背对着餐厅重点装饰面，面向众席的是上首，是主人位，副主人坐在主人对面，主宾位于主人右侧，副主宾坐于副主人右侧。

主人与主宾双方携带夫人入席的，主宾夫人坐在主人位置的左侧，主人夫人坐在主宾夫人的左侧。其他位次不变。

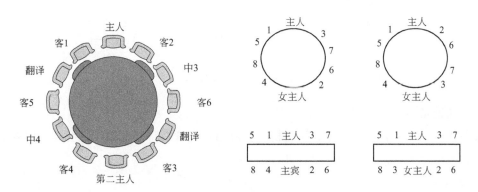

图 2-2 中餐席位安排

2. 西餐席位安排

西餐一般餐台是长台，餐台一侧居中位置为主人位，另一侧居中位置为女主人或副主人位，主人右侧为主宾，左侧为第三主宾，副主人右侧为第二主宾，左侧为第四主宾，其余宾客交错类推。席位安排如图2-3所示。

子项目二　中餐摆台训练

一、实训项目操作用具

（1）餐台1张（以直径180cm宴会桌为例）。

（2）台布1块、餐椅10把、餐巾10条、托盘4个。

（3）骨碟10个、味碟10个、筷子10双、筷架10个、公用筷2双、公用筷架2个、公用勺2个、汤匙10个、汤碗10个、水杯10个、葡萄酒杯10个、白酒杯10个、花瓶1个。

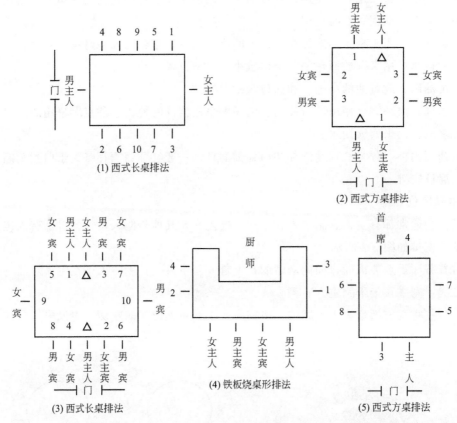

图 2-3 西餐席位安排

二、实训项目操作程序

中餐摆台的步骤包括铺台布、调餐椅、摆放第一托餐具、摆放第二托餐具、摆放第三托餐具、折餐巾花、摆放第四、五托餐具。

1. 铺台布

铺台布站位在陪同、翻译餐位之间,轻轻打开台布,选用"推拉式""抖铺式""撒网式""平铺式"任一种方法铺好台布,确保做到台布正面向上,凸缝正对正副主人位,台布中心与台面中心重合,台布的四角要遮住桌腿,四角下垂部分与地面之间的距离要相等,下垂匀称,铺好的台布要平整,无皱折,图案花纹要置于餐台正中,文字要正对主位。

2. 调餐椅

调餐椅即将餐椅在餐台周围均匀放好。从主人位开始,沿顺时针方向进行,每次挪动一把餐椅,餐椅之间距离相等(即要求餐位均匀),餐椅前面与台布下垂部分相切。

3. 摆放第一托餐具

第一托餐具包括骨碟10个、汤匙10个、汤碗10个、味碟10个、筷子10双、筷架10个。第一托餐具的摆放位置及顺序如下。

(1)餐碟。可将码好的餐碟置于托盘上,右手持骨碟摆至餐椅正前方,从主人位开始,顺时针方向依次摆放。餐碟离桌边1.5cm,餐碟间距相等。

(2) 汤碗、汤勺、味碟。味碟位于餐碟正上方，相距 1cm，汤碗摆放在味碟左侧 1cm 处，与味碟在一条一直线上，汤勺放置于汤碗中，勺把朝左，与餐碟平行。

(3) 筷架、筷子。筷架摆在餐碟右边，与味碟在一条直线上，筷子、长柄勺搁摆在筷架上，长柄勺距餐碟 3cm，筷尾距餐桌沿 1.5cm，筷套正面朝上，牙签位于长柄勺和筷子之间，牙签套正面朝上，底部与长柄勺齐平。

4. 摆放第二托餐具

第二托餐具包括葡萄酒杯 10 个、白酒杯 10 个、水杯 10 个。第二托餐具的摆放位置及顺序：葡萄酒杯位于味碟正前方，间隔 2cm；白酒杯位于葡萄酒杯右侧，水杯在葡萄酒杯左边，杯肚间隔 1cm，三杯成斜直线与水平成 30°。如果折的是杯花，水杯待餐巾花折好后一起摆上桌。如图 2-4 所示。

5. 摆放第三托餐具

第三托餐具包括公用筷 2 双、公用筷架 2 个、公用勺 2 个、花瓶 1 个。第三托餐具的摆放位置及顺序：花瓶位于台面中心；2 个公用筷架分别放在正副主人餐位，葡萄酒杯正前方，间隔 10cm；公用筷位于公用筷架上侧，与公用筷架垂直；公用勺位于公用筷架下侧，与公用筷架垂直，公用筷与公用勺前端平齐。如图 2-5 所示。

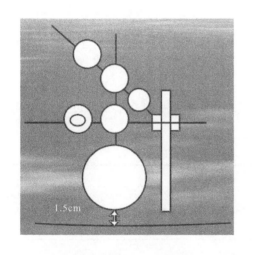

图 2-4　摆放第二托餐具

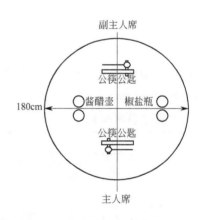

图 2-5　摆放第三托餐具

6. 餐巾折花

餐巾折花这一步要求折出十种餐巾花杯花花型，其中主人位的花型要高于其他餐位的花型。将折好的餐巾花插入水杯内，插入水杯不可过深，要注意餐巾花的观赏面。

7. 摆放第四、五托餐具

第四、五托餐具包括台签、席签、菜单、鲜花等物品。

(1) 台签、席签。多桌宴会通常设台签（席次卡），它是标有桌台号的牌子，摆在每张餐桌下首，台号朝向厅堂入口处。席签（座次卡）放在每个餐位正中，卡上姓名正对就餐者。如有不同国家的宾客同时出席宴请，则将宴请国家的文字写在席签上方，被宴请方的写在下方。宴会上是否使用席签，由主办人决定。

(2) 菜单。宴会菜单是供宾客了解菜点内容和食用顺序的。10 人的一般放两张，摆在正副主人餐具的右侧，离桌边1.5cm。高档次宴会每个餐位都放一份菜单。

（3）鲜花。台面中心有的直接摆放冷菜，有的摆放鲜花。若是摆放鲜花，应在摆台前先插好花，喷过清水后放在一边沥水待用。等摆好台面后再将沥过清水的鲜花摆在台面中心，造型设计应以不挡住宾客视线为前提。

三、实训项目注意事项

1. 卫生问题

所有的操作中都必须注意卫生问题，包括服务员个人的卫生、所用到餐具物品的卫生、操作手法的卫生等。

2. 铺台布注意事项

铺台布时，台布不能接触地面，台布中间折纹的交叉点应正好在餐台的中心处，台布的正面凸缝朝上，中心线直对正、副主人席位，四角呈直线下垂状，下垂部分距地面距离相等，铺好的台布应为平整无皱纹。

3. 调餐椅注意事项

正、副主人位的餐椅提前定位，因此调餐椅时正、副主人位置的椅子只能前后挪动，不能左右挪动。

4. 摆放餐具注意事项

摆放餐具时要注意拿取餐具的手法，比如餐盘拿盘边、汤匙拿匙柄、杯子拿底部等。所有有距离要求的地方要善于借助手指测距，比如食指的宽度约1cm、手掌宽度约10cm。

5. 餐巾折花注意事项

餐巾花花型要根据宴会主题恰当选择，餐巾花插入水杯不可过深，主人位花型要较高，不同的花型交错摆放，餐巾花观赏面朝向客人。

四、实训项目考核标准

考核项目	考核标准
铺台布	1. 铺台布站位在陪同和翻译餐位之间。 2. 台布正面向上,定位准确,十字居中,凸缝正对正副主人位。 3. 四周下垂匀称,台面平整。
调餐椅	1. 从主人位开始,顺时针方向进行。 2. 餐椅之间距离相等。 3. 餐椅边沿与下垂台布相距1cm。
餐碟定位	1. 一次性定位、碟间距离均等、餐碟标志对正。 2. 相对餐碟与餐桌中心点三点一线。 3. 餐碟距桌边1.5cm。 4. 拿碟手法正确(手拿餐碟边缘部分)。
味碟、汤碗、汤勺	1. 味碟位于餐碟正上方,相距1cm。 2. 汤碗摆放在味碟左侧1cm处,与味碟在一条直线上。 3. 汤勺放置于汤碗中,勺把朝左,与餐碟平行。 4. 操作时拿餐具柄部。
筷架、筷子、长柄勺、牙签	1. 筷架在餐碟右边,与味碟在一条直线上。 2. 长柄勺距餐碟3cm,筷尾距餐桌沿1.5cm。 3. 筷套正面朝上。 4. 牙签位于长柄勺和筷子之间,牙签套正面朝上,底部与长柄勺齐平。

续表

考核项目	考核标准
酒杯摆放	1. 葡萄酒杯摆在骨碟正上方,距骨碟 3cm,两者中心在同一条线上。 2. 白酒杯摆在葡萄酒杯右侧,水杯位于葡萄酒杯左侧,杯肚间隔 1cm,三杯成斜直线与水平成 30°。 3. 摆杯手法正确(手拿杯柄或中下部)、卫生。
餐巾折花	1. 折出十种不同的餐巾花杯花花型。 2. 主人位的花型要高于其他餐位的花型。 3. 将折好的餐巾花插入水杯内,插入水杯不可过深。
公用餐具	1. 公用餐具摆放在正副主人的正上方。 2. 按先筷后勺顺序将筷、勺搁在公用筷架上。 3. 公用筷架与正副主人位水杯间距 1cm。 4. 筷子末端及勺柄向右。
菜单、花瓶和桌号牌	1. 花瓶或花篮摆在台面正中,造型精美,符合主题要求。 2. 菜单摆放在筷子架右侧,位置一致。 3. 桌号牌摆放在花瓶正前方,面对副主人位。

子项目三　西餐摆台训练

一、实训项目操作用具

(1) 餐台 1 张(以长 240cm、宽 120cm 长方台为例)。

(2) 台布 2 块、餐椅 6 把、餐巾 6 条、托盘 4 个。

(3) 装饰盘 6 个、主餐刀 6 把、鱼刀 6 把、开胃品刀 6 把、汤匙 6 把、主餐叉 6 把、鱼叉 6 把、开胃品叉 6 把、甜品勺 6 把、甜品叉 6 把、黄油刀 6 把、黄油碟 6 个、面包盘 6 个、水杯 6 个、红葡萄酒杯 6 个、白葡萄酒杯 6 个、花瓶 1 个、烛台 2 座、盐瓶 2 个、胡椒瓶 2 个、牙签盅 2 个。

二、实训项目操作程序

西餐摆台的步骤包括铺台布,餐椅定位,摆装饰盘,摆餐刀、餐叉、餐勺,摆面包盘、黄油碟、黄油刀,摆杯具,摆餐巾花,摆花瓶等。

1. 铺台布

西餐多用白色台布,方桌也有用方格台布,质地选择棉或亚麻制品。高级西餐厅的餐台上一般有三层布草:垫布、台布和装饰布。

(1) 方桌铺台布要求

铺好的台布正面向上,中缝线与餐桌的中线重叠,四边的垂角遮住餐桌的桌腿,四边的下垂部分距离相等。

方桌斜方形铺台布的要求是台布的四个中缝线落在方桌的对角线上,台布的边与餐桌的四边呈 45°夹角。四角的下垂部分也要与地面的距离相等。

(2) 长台铺台布要求

长台大多作为西餐餐桌、宴会的主桌或自助餐菜台使用。可由 2~4 个长台或多个方台拼制而成。直长台作为主桌使用时,铺台布前可以事先铺上用法兰绒、毡、泡沫或丝帛棉制作的台垫,以减少餐具与桌面的撞击声,提高宴请规格。铺台时,一般由两人一组合作进行，要从里往外铺，让台布的接缝向里，台布的重叠部分不少于5cm，使台面尽量显得整齐美观。

铺台布时要求台布的中缝正对餐桌的中线，所有台布面的中线连为一线，四脚下垂部分相等，台布的下沿正好接触到餐椅的边沿。规格较高的酒席宴会，还会在餐桌的外沿围上台裙、缎带，给人一种庄严隆重、典雅豪华之感。

2. 餐椅定位

餐椅定位从主人位开始，顺时针方向进行，餐椅围餐台均匀分布，餐台两侧相对的餐椅对称。

3. 摆装饰盘

从主人席位开始用右手在每个席位正中摆放一个装饰盘。盘上的花纹图案要摆正，盘与盘之间的距离要相等，盘边距桌边1cm。

4. 摆餐刀、餐叉、餐勺

（1）摆放餐刀

在装饰盘的右侧从左向右依次摆放主餐刀、鱼刀、汤匙、开胃品刀，之间各相距0.5cm。刀刃一律朝向装饰盘，鱼刀柄距桌边5cm，其他刀（汤匙）柄距桌边1cm。

（2）摆放餐叉

在装饰盘的左侧从右至左依次摆放主餐叉、鱼叉、开胃品叉，之间各相距0.5cm。叉齿一律朝上，鱼叉柄距桌边5cm，其他叉柄距桌边1cm。

（3）摆甜点叉、甜点勺

甜点叉、甜点勺平行摆放在装饰盘的正前方1cm处，甜点叉在下，叉柄向左，甜点勺在上，勺柄朝右。甜点叉、甜点勺垂直相距0.5cm。

5. 摆面包盘、黄油碟、黄油刀

面包盘在开胃品叉左侧1cm处，面包盘与装饰盘的中心成一条直线并与桌边平行；黄油碟摆放在面包盘右上方，相距3cm处；黄油刀放在面包盘右侧边沿1/3处，刀刃朝左。

6. 摆杯具

在西餐里，摆酒杯往往要根据客人点的酒水而定。一般说来，餐台上至少要摆放一只酒水杯，正餐摆台或宴会摆台通常摆放三至四只酒水杯。摆放顺序是白葡萄酒杯、红葡萄酒杯、水杯。白葡萄酒杯摆在开胃品刀的正上方，杯底中心在开胃品刀的中心线上，杯底距开胃品刀刀尖2cm，红葡萄酒杯在白葡萄酒杯的上方，水杯在红葡萄酒杯上方，三杯呈斜直线，与水平线呈45°角，各杯肚之间相距1cm。如图2-6所示。

摆放酒水杯时，要用托盘，站在餐位的右侧，手拿杯脚部分或平底杯下半部操作。咖啡杯或茶杯视用餐情况摆放在餐台的右边，杯子的把手向右，以方便客人持杯。

7. 摆花瓶等

（1）摆放调味瓶、牙签筒及烟缸。调味瓶、牙签筒一般可按四人一套，摆放在餐台中心；烟缸按两人一只，放在两个餐位之间。

（2）摆放烛台、台号、鲜花。蜡烛的烛光可以增加餐厅的浪漫与温馨的情调，一般每四人配一副烛台，放在餐台中间。若放2个烛台，则摆在花瓶左右各20cm处，盐瓶和胡椒瓶

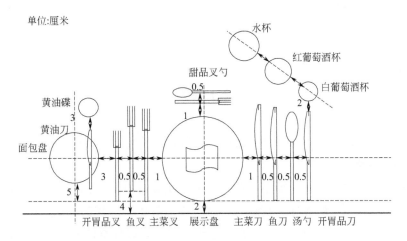

图 2-6 摆杯具

摆在花瓶左右各 30cm 处，盐瓶在餐台中心线右侧，胡椒瓶在餐台中心线左侧，两瓶间距 0.5cm。台号应放在餐台中间部位，正面朝向餐厅入口，以便客人识别，开餐后即撤去。餐台插花有多种形式，一般都布置在餐台中间部位。有多个插花要等距摆在长台的中心线上，注意鲜花高度不超过宾客就餐时的水平视线。餐具的表面有花格图案或店徽时，应使图案的正面向着客人。如图 2-7 所示。

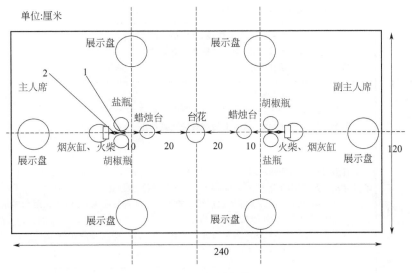

图 2-7 摆花瓶等

8. 摆餐巾花

西餐摆台餐巾花用盘花花型，将叠好的餐巾花摆在装饰盘正中。

三、实训项目注意事项

1. 卫生问题

摆台前要洗手，应将摆台所用的餐、酒用具进行检查，发现不洁或有破损的餐具要及时更换，用时要保证用品符合干净、光亮、完好的标准。

摆放刀、叉、勺餐具时，应持柄端。银器不能用手直接拿，要用口布包着摆放，以免留下指纹。

2. 铺台布注意事项

铺台布时，台布不能接触地面，用多块台布拼接时，应从餐厅里往外铺，让每张台布的接缝朝里，台布中线相连，成一条线，台布下垂部分相等。

3. 餐椅定位注意事项

餐椅定位从主人位开始，顺时针方向进行，餐台两侧相对的餐椅对称。

4. 摆放餐具注意事项

摆放各种刀叉要注意位置、顺序。总的原则"左叉右刀"，摆放在台面上的各种餐具要横竖成行。摆放带有图案的餐具，其图案方向一致，全台看上去要整齐、美观、大方。

摆台时注意手拿瓷器的边沿、刀叉匙的把柄，手不可触摸盘面和杯口；在客人右侧摆刀匙，左侧摆叉。

摆台时，要用托盘盛放餐具、酒具及用具。

摆放金、银器皿时，要用餐巾包着摆放或戴手套，保证餐具清洁，防止污染。

四、实训项目考核标准

考核项目	考核标准
铺台布	1. 两块台布正面向上,中凸线对齐。 2. 两块台布面重叠 5cm,主人位方向台布交叠在副主人位方向台布上。 3. 台面平整、台布四边下垂均等。
餐椅定位	1. 从主人位开始按顺时针方向摆设,从席椅正后方进行。 2. 餐椅间距基本相等,相对餐椅的椅背中心对准。 3. 餐椅边沿与下垂台布相距 1cm。
摆装饰盘	1. 从主人位开始顺时针方向摆设。 2. 盘边距离桌边 1cm,装饰盘中心与餐位中心对准。 3. 盘与盘之间距离均等,盘子上的花纹图案要摆正。 4. 手持盘沿右侧操作。
摆餐刀、餐叉、餐勺	1. 在装饰盘的右侧从左向右依次摆放主餐刀、鱼刀、汤匙、开胃品刀,之间各相距 0.5cm。刀刃一律朝向装饰盘,鱼刀柄距桌边 5cm,其他刀(汤匙)柄距桌边 1cm。 2. 在装饰盘的左侧从右至左依次摆放主餐叉、鱼叉、开胃品叉,之间各相距 0.5cm。叉齿一律朝上,鱼叉柄距桌边 5cm,其他叉柄距桌边 1cm。 3. 甜点叉、甜点勺平行摆放在装饰盘的正前方 1cm 处,甜点叉在下,叉柄向左,甜点勺在上,勺柄朝右。甜点叉、甜点勺垂直相距 0.5cm。
摆面包盘、黄油碟、黄油刀	1. 面包盘在开胃品叉左侧 1cm 处,面包盘与装饰盘的中心成一条直线并与桌边平行。 2. 黄油刀放在面包盘右侧边沿 1/3 处。 3. 黄油碟摆放在黄油刀尖正上方,相距 3cm。 4. 黄油碟左侧边沿与面包盘中心成直线。
摆杯具	1. 摆放顺序:白葡萄酒杯、红葡萄酒杯、水杯(白葡萄酒杯摆在开胃品刀的正上方,杯底中心在开胃品刀的中心线上,杯底距开胃品刀尖 2cm)。 2. 三杯成斜直线,向右与水平线呈 45°角。 3. 各杯身之间相距约 1cm。 4. 操作时手持杯中下部或颈部。

续表

考核项目	考核标准
摆花瓶（花坛或其他装饰物）、烛台	1. 花瓶（花坛或其他装饰物）置于餐桌中央和台布中线上。 2. 花瓶（花坛或其他装饰物）的高度不超过 30cm。 3. 烛台与花瓶（花坛或其他装饰物）间距相等。 4. 烛台底座中心压台布中凸线。 5. 两个烛台方向一致，并与杯具所呈直线平行。
牙签盅、椒盐瓶	1. 牙签盅与烛台相距 10cm。 2. 牙签盅中心压在台布中凸线上。 3. 椒盐瓶与牙签盅相距 2cm。 4. 椒盐瓶两瓶间距 1cm，左椒右盐，间距中心对准台布中凸线。
摆餐巾花	1. 叠好的餐巾花摆在装饰盘正中，注意观赏面。 2. 在盘中摆放一致，左右成一条线。 3. 造型美观、大小一致，突出正副主人。

项目六 点 菜

【项目目标】

◇ 了解点菜基本形式、基本要求等点菜基础知识。
◇ 熟练掌握点菜服务技能的操作规范和方法。
◇ 达到点菜服务技能娴熟、运用自如、处理灵活。

子项目一 点菜基础知识

点菜是一门艺术,需要灵活巧妙的语言技巧、推销技巧和丰富的业务知识与技能,是服务员水平的一个综合反映,也关系到整个服务过程的成败。服务员需要掌握点酒、点菜的基本程序、基本要求和服务方法。由于宾客具有不同国籍、不同消费层次、不同的就餐目的等个性化特点,所以它又是餐饮服务人员掌握的一项技术难度较高的工作。

一、点菜的重要性

(1) 接受客人点菜是餐厅服务员与客人之间情感沟通的关键环节。

(2) 点菜过程是客人与服务员相互了解的过程,是客人审视餐厅经营特色和服务水准的过程。

(3) 点菜是体现餐厅服务员语言能力和高超推销能力的时候。

(4) 周到、热情、切合客人需求的点菜服务能让客人从餐厅服务中感到超值的享受,使客人对餐厅留下深刻的印象,并且能增加客人在邮轮的消费。

二、点菜的形式

1. 点菜本点菜

点菜本又叫取菜单或出品单,是餐厅服务员根据客人点菜的内容和要求开立的用于到厨房、吧台拿取菜肴、酒水等食品的书面凭证,同时也是餐饮企业收银员开具发票、收取餐饮账款的重要依据,是餐饮收入发生过程中所需的第一张单据。点菜本一般选用无碳复写纸、打字纸和书写纸印制,是传统的一种点菜形式。

2. 智能点菜

为了提高效率、提升档次,现在许多餐饮服务中都更新采用了智能化点菜机。它基于无线功能,使得厨房、餐台、顾客实现无缝对接,消费者可随时根据自己的需求进行自助点菜、加菜、退菜、服务呼叫等,服务员可以即时把数据通过基站和服务器传到后台和分布在厨房与收银台的打印机上,打印机立刻打印所点的菜单,而且所有的操作数据都储存在后台的数据库中,以备查询。智能点菜机一般分为平板点菜机、刷卡点菜机、扫描点菜机、电视点菜机、打印点菜机等几种形式。

三、点菜必备知识

1. 熟悉菜单

每个服务员在服务之前都必须认真熟悉菜单，熟悉菜单不仅可以帮助服务员及时与客人进行沟通，而且还可以帮助与客人建立良好关系，增加餐厅的吸引力。熟悉菜单的工作应在每天进行，因为餐厅里的菜单会经常变动，甚至每天都会变，如果不及时熟悉、及时了解，就会影响对客人的服务。

（1）了解菜肴的制作方法。中国菜的常用制作方法有蒸、炒、炸、炖、焖、煮、溜、烹、烩等几十种，中国菜烹调方法的丰富多样，不同的烹调方法形成不同的口味、口感，不同的调味品还能改变菜肴的颜色。服务员要能详细地向宾客介绍菜肴的烹调方法及过程，同样可使宾客了解菜肴的食用价值。

（2）了解菜肴特点、原料。一个好的服务员应该对菜单上每道菜的生产原料都很熟悉，这样，你在碰到诸如"这道菜辣不辣？""特色菜是用什么原料烹制的？""什么样的菜肴有利于减肥？"等问题时就能应付自如，对答如流。服务员须经常向厨师学习和请教，要不断询问一些新增加的菜肴的有关知识。

（3）了解菜肴的烹调时间。掌握不同菜肴的不同烹调时间，有利于在不同情况下向不同的宾客推荐菜肴。如对于有急事、赶时间的宾客，应向其推荐烹调方法简单、烹调时间较短的菜肴，为其提供快速服务；对于比较悠闲、以交流聊天为主的宾客，可向他们推荐烹调虽费时但制作精细的菜，但要说明等候时间，以稳定宾客等菜时产生的焦急情绪；当厨房生产处于高峰时，应向宾客推荐烹调简单、不太费时的菜肴；当厨房压力不大时，可向宾客推荐制作精细的菜肴。

（4）菜肴的营养价值及食疗作用。随着生活水平的提高和保健意识的增强，人们对菜肴的要求已有了较大变化，从过去的入味、实惠到讲究色香味形质，从讲究菜肴的艺术到追求菜肴的营养价值，宾客在品尝各种美味佳肴的同时还要达到补充营养、健身治病的目的。所以服务员要了解每种原料所含的不同营养成分。

2. 熟悉客人

针对具有不同就餐目的的宾客的推销，针对不同民族、不同地区宾客的推销，针对不同职业宾客的推销，针对不同年龄、性别、健康状况的宾客的推销。

（1）吃便饭的客人，这些客人对菜品的要求是经济、实惠、快出快走，品质不要求太高，但要求快，此时服务员应推荐价廉物美、有汤有菜、制作时间短的菜品。

（2）以调剂口味来用餐的客人，大部分是慕名而来，想尝尝餐厅的风味特色、名菜、名点或专门是为某一道菜品而来。针对这类客人，应注意多介绍一些反映特色的菜品，数量上应少而精。

（3）以商务宴请为目的的用餐，客人一般都讲究一些排场，菜的品种要求丰盛、菜式精美、分量充足，且在一定的价格范围之内。针对这类客人，应主动推荐酒店中档以上、价格不是特别昂贵的菜品。

（4）以聚餐为目的的客人一般要求热闹，边吃边谈，菜品要求一般，品种丰富而不多，惊喜而不贵，有时每人点一个自己喜欢吃的菜，有的也喜欢配菜等。针对这类客人，应主动推荐价廉物美、可方便加热的菜品。

（5）已形成某种心理惯性的客人，行为表现偏好某一种小吃、某一菜品的风味、信奉某一餐厅或某一厨师的声誉。在为这类客人服务时，应注意与客人打招呼（最好是加姓），并试问："××先生，是和上次一样吗，还是另外点或介绍？我们今天推出了×××，是您以前没有用过的。"

四、点菜的基本要求

（1）时机与节奏：把握正确的点菜时机，在客人需要时提供点菜服务；点菜节奏要舒缓得当，不要太快也不要太慢，但要因人而异。

（2）服务要规范化：填写点菜通知单要迅速、准确，单据的字迹要清楚，注意冷菜、热菜分单填写。要填写台号、日期、用餐人数、开单时间、值台员签名。菜肴和桌号一定要写清楚。

（3）客人的表情与心理：在服务过程中，服务员应注意客人所点的菜和酒水是否适宜，这需要观察客人的表情和心理变化。

（4）清洁与卫生：点菜中要注意各方面的清洁卫生。菜单的干净美观、服务员的个人卫生、记录用的笔和单据的整洁都要符合标准，才可使客人在点菜时放心。

（5）认真与耐心：点菜时应认真记录客人点的菜品、酒以及客人的桌号、认真核对点菜单，避免出错；要耐心回答客人的问题，当客人发脾气时，服务员要宽容、忍耐，避免与其发生冲突。

（6）语言与表情：客人点菜时，服务员的语言要得体，报菜名应流利、清楚，表情应以微笑为主，以体现服务的主动与热情。注意礼貌语言的运用，尽量使用选择性、建议性语言，不可强迫客人接受，不要用特别自我肯定的语言，也不要用保证性的语言。

（7）知识与技能：服务员要不断拓宽自己的知识面，提高服务技能，才能应付复杂多样的场面，满足不同顾客的不同需求。

子项目二　点菜训练

一、实训项目操作用具

菜单、点菜单、笔。

二、实训项目操作程序

1. 迎接客人

面带微笑，举止端庄，与迎宾一起站在门口迎接客人的到来。

2. 呈递菜单

（1）客人坐稳后，礼貌问候客人，并从客人的左侧用双手递上打开的菜单。

（2）服务员站在客人身边，手握订单，逐一记下客人要点的菜，不可催促客人。

（3）不可身体前倾，贴近客人，或用笔指着菜单，更不能将订单放在餐桌上或在餐桌上填写订单。

3. 恰当点菜

（1）菜肴的描述和解释。介绍菜肴时要做适当的描述和解释，比如菜肴的份量、品质、价格、商标名称、食品描述、原料来源、食品种类、营养成分以及特色典故等。

（2）注意推销语言技巧的运用。介绍产品时要使用建议性语言，而不能使用命令或强制性语言，还可用些描述性语言，如这是本季节的时令菜、这是本餐厅的最新产品、这菜是本餐厅特级厨师烹调的特色菜，要不要尝尝，这种推销可为餐厅增加收入。

（3）根据客人的口味，主动介绍特色菜，引导客人从高档到低档、从大菜到小菜、从荤到素、从特色到大众菜、从咸到甜、从菜式到点心进行点菜。

（4）按菜肴的搭配原则（颜色、营养、风味、数量、价格）为客人推荐菜肴，要尽量使客人点菜菜肴荤素搭配合理，避免有雷同菜肴。

4. 填写点菜单

端正地站在客人的左后侧50cm，左手拿点菜记录本，右手持笔，站立姿势要美观大方，既能听清宾客的话语，又不妨碍宾客翻阅菜单。回答客人问询要音量适中，语气亲切。填写准确，字迹清楚，这样既便于自己对客人服务，也有利于厨房的厨师按照单子准确制作食品。为了提高效率，有些餐厅将一些菜肴名称编成服务员或厨师都很熟悉的缩写。点菜记录有如下几种方法。

（1）使用点菜备忘单，餐厅提供的所有酒菜都印在点菜单上，服务员只需根据客人在点菜单上划的标记下单即可。这较简单，多用于早餐和客房用餐服务。

（2）点菜本。记录客人的餐桌号、进餐人数、日期、服务员自己的名字。填写点菜本时要书写清楚，符合规格，要冷热菜分开记，记录客人的特殊要求。点菜本一式四份，收款台、厨房、传菜员、服务员各一份，填写菜单后，应再次核对一下，以防止出差错。

（3）由服务员唱读点菜。在现代高级邮轮和高级餐厅这种方式越来越普及，将客人的点菜，包括菜的份量、价值、总金额等输入计算机打印后交给客人并通过荧屏显示通知厨房。

5. 菜肴确认

为防止客人点错菜或是服务员会错意或听错菜品，点完菜后，要向客人复述一遍所点菜肴及特殊需要，并请客人确认。最后感谢客人，并告之客人大约等待时间。

6. 点酒

（1）征询客人是否可以点酒，如"请问现在可以为您点酒吗"。

（2）根据客人的消费要求和消费心理，向客人推销、推荐餐厅的酒水。宾客点了海鲜类菜肴，可以不失时机地介绍一两种白葡萄酒供宾客选择，宾客点了甜点可问是否要白兰地或其他利口酒类。

（3）介绍时要作适当的描述和解释，适当地提出合理化建议。

7. 下单

在为客人点菜后，要以最快的速度将订单分送厨房、酒吧、传菜员、收款员。不同的点菜单要按规定递交给不同的烹饪部门或责任人。点菜单与酒水单应分开递交。

8. 巡查

（1）点完菜之后，要注意自己点的菜品上菜的速度，以及是否有需要及时通知上菜。

（2）菜上到差不多时，看菜式的颜色搭配、口味搭配、器皿搭配等是否好看又好吃。

（3）吃得差不多时，及时巡台，主动询问客人是否要添加菜式、面点或者主食。

（4）抓住一切可使自己与客人打交道的机会，从而了解客人的爱好、对菜式和服务的意见,并主动宣传邮轮品牌及优惠措施,必要时向客人表示感谢。

9. 总结跟进

每天客人走后点菜员必须检查菜单,以便发现一些工作上的失误或者是好的地方,监督各环节工作是否到位,并总结当天客人投诉事件以及处理方法,吸取经验教训。

三、实训项目注意事项

(1) 根据顾客的对象点菜,如年龄、居住地、请客对象、消费能力、口味等。

(2) 点菜时必须适量,注意就餐人数和份量相称,以免造成浪费,除非客人要求但必须提醒客人。

(3) 客人所点菜肴过多或重复时,要及时提醒客人,同时要及时向宾客建议漏点的菜,如宾客点了主菜,而没有点配菜,服务员应及时建议几种配菜,供宾客选择。

(4) 对客人提出的特殊要求,在客观条件允许下方可承诺客人,并且在菜单上加以注明。

(5) 点菜时注意各种菜式的搭配、色彩的搭配,不要点单一色调的菜品。

(6) 语言清脆,语气委婉柔和。

(7) 字迹清晰,份量写清楚,不能模棱两可。

(8) 每餐都要熟记当餐的沽清单,以免经常点沽清菜,造成客人投诉。

四、实训项目考核标准

考核项目	考核标准
接受点菜	1. 主动询问宾客是否可以点菜。 2. 态度热情、用语礼貌、递送点菜单手法正确。
提供建议	1. 能主动礼貌地向宾客简单介绍菜单的内容,使宾客对餐厅的菜食有所了解。 2. 能根据客人不同的就餐动机,采用合适的推销方法。 3. 点菜过程中能考虑菜肴份量的大小、菜肴的搭配,向宾客提出合理化建议,能做到避免浪费现象。
记录内容	接受宾客点菜时应保持站立姿势,身体微向前倾,认真清楚地记下宾客所点的菜品名。
复述确认	点菜完毕后,能重复宾客所点的菜品,让宾客确认。
礼貌致谢	复述完毕,服务人员收回菜单,向宾客表示感谢,并告知上菜时间。
填写点菜单	将宾客所点菜品按顺序整齐地书写在落单上,字迹清楚。落单一式四联:一联厨房,一联划菜,一联收银,一联服务员。

项目七 上 菜

【项目目标】

◇ 了解中、西餐上菜顺序、上菜位置、上菜方式等上菜基础知识。
◇ 熟练掌握上菜服务技能的操作规范和方法。
◇ 达到上菜服务技能娴熟、运用自如、处理灵活。

子项目一 上菜基础知识

上菜是为宾客进餐提供服务的重要环节,也是餐厅服务员必须掌握的基本技能之一。

一、中餐上菜基础知识

1. 上菜顺序

中餐上菜根据不同的菜系,就餐与上菜的顺序会有一点不同,但一般的上菜方式是先上冷菜便于佐酒,然后视冷菜食用的情况,适时上热菜,最后上汤菜、点心和水果。

2. 上菜位置

中餐宴会上菜位置一般选择在译陪之间,也有在副主人右边,零点餐厅选择在不打扰客人或干扰客人最少的位置。

3. 上菜方式

上热菜时应坚持"左上右撤"的原则。一般要以第一主人为中心,从宴席的左面位置上菜,撤盘时从宴席的右侧位置。上菜或撤盘时,都不应当在第一主人或主宾的身边操作,以免影响主客之间的就餐和交谈。

4. 上菜手法

上菜时应该注意正确的端盘方法,端一个盘子时用大拇指紧贴盘边,其余四指扣住盘子下面,拇指不应该碰到盘子边的上部,更不允许留下手印或者手指进入盘中,这样既不卫生也不礼貌。

二、西餐上菜基础知识

西餐上菜服务方式有法式、俄式、英式、美式、意式等,各种服务方式既有相同的地方,也由于礼仪风俗不同而有所不同。

(1) 餐厅员工在提供西餐上菜服务时,总体顺序是先女主宾后男主宾,然后服务主人与一般来宾。

(2) 餐厅员工应用左手托盘,右手拿叉匙为客人提供服务。服务时,员工应当站在客人的左边。

(3) 西餐菜肴上菜也要"左上右撤",除面包、黄油、色拉和其他必须放在客人左边的盘子外,其他食物一律从右边用右手送上,酒水饮料要从客人的右侧上。

子项目二　上 菜 训 练

一、实训项目操作用具

骨碟、托盘、菜肴、餐桌、工作台、口布。

二、实训项目操作程序

1. 中餐上菜

（1）核对菜单。上菜前要认真核对菜单，特别是多台或宴会服务时，尽量避免错上或漏上菜肴。

（2）质量把关。上菜前要观察菜肴的色、形、卫生是否符合标准，原料是否新鲜，盛器是否恰当，分量是否合适。如果发现问题，应立即采取措施纠正。

（3）端法卫生。端盘时要注意用大拇指按着盘边，其余四指端着盘底，既要求端稳，还要避免手指插入菜肴或汤汁中。

（4）保持菜温。在餐厅服务中要注意菜肴的温度，使客人能品尝到特色菜肴的独特风味。对于一些热吃的菜肴，应快端快送，也可以在菜盘上加盖或用保温车送菜。

（5）注意上菜节奏。上菜时，可以将凉菜先行送上席。当客人落座开始就餐后，餐厅员工即可通知厨房做好出菜准备，待到凉菜剩下 1/3 左右时，餐厅员工即可送上第一道热菜。当前一道菜快吃完时，餐厅员工就要将下一道菜送上，不能一次送得过多，使宴席上放不下，更不能使桌上出现菜肴空缺的情况。菜肴上桌后应主动报菜名。

（6）凡是上带有调味佐料的热菜，如烤鸭、烤乳猪、清蒸蟹等，佐料要一同上桌，切忌遗漏忘记上桌，一次性上齐，并且可以略作说明。

（7）规范摆菜

① 摆菜时不宜随意乱放，要讲究造型艺术，注意宾客的风俗习惯，方便食用。要从菜肴原材料、色彩形状、盛具等几方面考虑，摆放时要注意荤素、色彩、口味及形状的合理搭配。

② 中餐宴席中，一般将大菜中的头菜放在餐桌中间位置，砂锅、炖盆之类的汤菜通常也摆放到餐桌中间位置。散座中可以将主菜或高档菜放到餐桌中心位置。

③ 摆菜时要使菜与客人的距离保持适中，散座中摆菜时，应当将菜摆放在靠近小件餐具的位置上，餐厅经营高峰中两批客人同坐于一个餐桌上就餐时，摆菜要注意分开，不同批次客人的菜向各自方向靠拢，而不能随意摆放，否则容易造成误解。

④ 注意好菜点最适宜观赏一面位置的摆放。如菜肴上有孔雀、凤凰图案的拼盘应当将其正面放在第一主人和主宾的面前，以方便第一主人与主宾的欣赏。

⑤ 遵循"鸡不献头，鸭不献尾，鱼不献脊"的传统礼貌习惯，即在给客人送上鸡、鸭、鱼一类的菜时，不要将鸡头、鸭尾、鱼脊对着主宾。而应当将鸡头与鸭头朝右边放置。上整鱼时，由于鱼腹的刺较少，肉味鲜美腴嫩，所以应将鱼腹而不是鱼脊对着主宾，表示对主宾的尊重。

⑥ 上第一道热菜、宴席中的头菜或一些较有风味特色的菜时，应首先考虑将这些菜放到主宾与主人的前面，然后在上下一道菜时再移放到餐桌的其他地方。后面的菜可遵循同样的原则。

2. 西餐上菜

（1）法式上菜方式的特点是将菜肴在宾客面前的辅助服务台上进行最后的烹调服务。法式服务由两名服务人员同时服务，一名负责完成桌边的烹调制作，另一名负责为客人上菜，热菜用加温的热盘，冷菜用冷却后的冷盘。

（2）俄式上菜方式与法式服务相近，但所有菜肴都是在厨房完成后，用大托盘送到辅助服务台上，然后顺时针绕台将餐盘从右边摆在客人面前。上菜时服务人员站立在客人的左侧，左手托银盘向客人展示菜肴，然后再用服务叉、勺配合，以逆时针的方向分菜至客人面前的餐盘中，剩余菜肴送回厨房。

（3）英式上菜方式是从厨房将菜肴盛装好的大餐盘放在宴会首席的男主人面前，由主人将菜肴分入餐盘后递给站在左边的服务员，由服务人员分给女主人、主宾和其他宾客。各种调料与配菜摆在桌上，也可以由宾客自取并互相传递。

（4）美式上菜方式比较简单，菜肴由厨房盛到盘子中。除了色拉黄油和面包，大多数菜肴盛在主菜盘中，菜肴从左边送给宾客，饮料酒水从右边送上，用过的餐具从右边撤下。

三、实训项目注意事项

（1）端走平稳。上菜时，要端平走稳，轻拿轻放，托送操作不偏不斜，做到盘稳、步稳、身稳。

（2）操作礼貌。上菜时不可从客人肩上、头顶越过，以免发生意外。摆菜时要注意轻撤轻挪，做到上菜不推盘，挪菜不拖盘，保持盘底、盘边干净。

（3）讲究卫生。要时刻保持台面的清洁卫生，防止上菜过勤而导致菜品堆积现象，摆菜时忌讳盘盘重叠、无等距、无规则地放置。当台面摆菜困难时，可以将某些菜肴折到小盘子中。随时撤去空菜盘，餐桌保持清洁、美观。

（4）保持菜温。在餐厅服务中要注意菜肴的温度，使客人能品尝到特色菜肴的独特风味。对于一些热吃的菜肴，应快端快送，也可以在菜盘上加盖或用保温车送菜。

（5）汤汁不洒。对于汤汁较多的菜肴，装盘时要尽量将菜盘置于托盘的中心。

（6）不损外型。托盘时，左臂的上下摆动幅度不能过大。

四、实训项目考核标准

考核项目	考核标准
上菜顺序与原则	上菜顺序与原则正确。
上菜位置与姿势	1. 上菜位置正确，姿势标准规范。 2. 能根据客人特殊情况，灵活调整上菜位置。 3. 上菜平稳，汤汁不洒。
上菜方法	1. 找准上菜口。 2. 展示菜肴，后退一步。 3. 报菜名、介绍特色。 4. 能掌握法式、俄式、英式、美式上菜规范。 5. 语言表达准确、语音语速适中、语态自然大方。 6. 菜上齐后告知客人，并询问是否需要加菜或其他帮助。
上菜摆菜	1. 摆菜规范，台面协调。 2. 能根据菜肴荤素、色彩、口味及形状合理搭配。

项目八 分菜服务

【项目目标】

◇ 了解分菜方法、分菜手法和分菜基本要求等分菜基础知识。
◇ 熟练掌握分菜服务技能的操作规范和方法。
◇ 达到分菜服务技能娴熟、运用自如、处理灵活。

分菜服务常见于西餐的分餐制服务中,现在随着影响的加大,在一些中餐的高级宴会上也在使用。分菜服务就是在客人观赏后由服务人员主动均匀地为客人分菜分汤,也叫派菜或让菜。西餐中的美式服务不要求服务员掌握分菜技术,俄式服务要求服务员有较高的分菜技术,法式服务要求服务员有分切技术。分菜服务可以有效体现餐饮服务的品质,因此服务人员必须熟练掌握服务技巧。

子项目一 分菜基础知识

一、分菜的方法

1. 餐位分菜法

服务员在每位客人的就餐位置旁将菜肴分派到客人各自的餐盘内为餐位分菜法,其具体操作如下:核对菜肴,双手将菜肴端至转盘上,示菜并报菜名,服务员站在客人的右侧,左手垫上餐巾并将菜盘托起,右手拿分菜用的叉、勺进行分菜,分菜顺序按顺时针方向绕台进行。

2. 转台分菜法

操作时,服务员先将干净餐具有序地摆放在转台上,菜上桌后介绍菜名,服务员左手执长柄汤勺,右手执公筷将菜肴均匀地分到各个餐碟中,然后从主宾右侧开始,按顺时针方向绕台进行,撤前一道菜的餐碟后,从转盘上取菜端送给客人。

3. 旁桌分菜法

分菜前,在客人的餐桌旁边放置一辆服务车或服务桌,准备好干净的餐碟和分菜工具,菜肴上桌时,服务员把菜肴放在餐桌上示菜、报菜名并作介绍,将菜肴取下站在服务车或服务桌旁,均匀、快速地分到给客人事先准备好的骨碟中,菜分好后,从主宾右侧开始按顺时针方向将餐碟送上。

4. 厨房分菜法

厨房工作人员根据客人的人数在厨房分好菜,传菜员用托盘将菜肴端托至餐桌旁,由值台服务员用托盘从主宾的右边上菜。此种方法通常用来分、上比较高档的炖品汤煲等菜肴,以显示宴席的规格和菜肴的名贵。

二、分菜工具

1. 分菜工具

(1)中餐分菜的工具:分菜叉(服务叉)、分菜勺(服务勺)、公用勺、公用筷、长把勺等。

(2) 俄式服务的分菜工具：叉和勺。

(3) 法式服务的分切工具：服务车、分割切板、刀、叉、分调味汁的叉和勺。

2. 分菜工具的使用方法

(1) 中餐分菜工具的使用方法

① 服务叉、勺的使用方法：服务员右手握住叉的后部，勺心向上，叉的底部向勺心；在夹菜肴和点心时，主要依靠手指来控制；右手食指插在叉和勺把之间与拇指酌情合捏住叉把，中指控制勺把，无名指和小指起稳定作用；分带汁菜肴时用服务勺盛汁。

服务叉勺的握法有以下几种。

指握法。将一对服务叉勺握于右手，正面向上，叉子在上方，服务勺在下方，横过中指、无名指与小指，将叉勺的底部与小指的底部对齐并且轻握住叉勺的后端，将食指伸进叉勺之间，用食指和拇指尖握住叉勺。如图 2-8 所示。

图 2-8 指握法

指夹法。将一对叉勺握于右手，正面向上，叉子在上，服务勺在下方，使中指及小指在下方而无名指在上方夹住服务勺。将食指伸进叉勺之间，用食指与拇指尖握住叉子，使之固定。此种方法使用灵活。如图 2-9 所示。

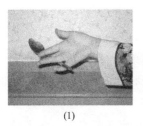 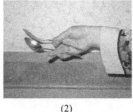 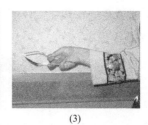

(1)　　　　　　(2)　　　　　　(3)

图 2-9 指夹法

右勺左叉法。右手握住服务勺，左手握住服务叉，左右来回移动叉勺，适用于体积较大的食物派送。如图 2-10 所示。

图 2-10 右勺左叉法

② 公用勺和公用筷的用法：服务员站在与主人位置成 90°角的位置上，右手握公用筷，左手持公用勺，相互配合将菜肴分到宾客餐碟之中。

③ 长把汤勺的用法：分汤菜，汤中有菜肴时需用公用筷配合操作。

(2) 俄式分菜用具的使用方法。一般是匙在下，叉在上。右手的中指、无名指和小指夹匙，拇指和食指控制叉，五指并拢，完美配合。这是俄式服务最基本的技巧。

(3) 法式切分工具的使用方法

① 分让主料：将要切分的菜肴取放到分割切板上，再把净切板放在餐车上。分切时左

手拿叉压住菜肴的一侧，右手用刀分切。

② 分让配料、配汁：用叉勺分让，勺心向上，叉的底部向勺心，即叉勺扣放。

三、分菜的基本要求

（1）将菜点向客人展示，并介绍名称和特色后，方可分让。大型宴会，每一桌服务人员的派菜方法应一致。

（2）分菜时留意菜的质量和菜内有无异物，及时将不合标准的菜送回厨房更换。客人表示不要此菜，则不必勉强。此外应将有骨头的菜肴，如鱼、鸡等的大骨头剔除。

（3）分菜时要胆大心细，掌握好菜的份数与总量，做到分派均匀。

（4）凡配有佐料的菜，在分派时要先沾上佐料再分到餐碟里并略加说明。

（5）在用餐标准较高或是客人身份较高的宴会上，每道菜肴均需分派给客人。

子项目二　分 菜 训 练

一、实训项目操作用具

（1）中餐分菜的工具：分菜叉（服务叉）、分菜勺（服务勺）、公用勺、公用筷、长把勺等。

（2）俄式服务的分菜工具：叉和勺。

（3）法式服务的分切工具：服务车、分割切板、刀、叉、分调味汁的叉和勺。

二、实训项目操作程序

1. 分菜操作程序

（1）准备用具。在客人餐桌旁放置服务桌，准备好干净的餐盘，放在服务桌的一侧，备好叉、匙等分菜用具。分鱼、禽类菜品时，准备一刀、一叉、一匙；分炒菜时准备匙、叉各一把或一双筷子、一把长柄匙。

（2）展示菜品。每当菜品从厨房传来后，服务员把菜品放在餐桌上向客人展示，介绍名称和特色，然后放到服务桌上分菜。

（3）分菜。

① 由两名服务员配合操作，一名服务员分菜，另一名服务员为客人送菜。

② 分菜服务员站在副主人位右边第一个位与第二个位中间，右腿在前，左腿在后并略弯腰，使上身微前倾，右手执叉、匙夹菜，左手执长柄匙接挡，以防菜汁滴落在桌面上。

③ 另一名服务员站在客人的右侧，把餐盘递给分菜的服务员，待菜肴分好后将餐盘放回客人面前。

④ 分菜服务员在服务桌上将菜品均匀、快速地分到每位客人的餐盘中。

⑤ 每道菜分完后，要留下 1/3～1/4，不要全部分完，以示菜的丰盛和准备为来宾添加。

（4）上菜。菜分好后，由服务员将餐盘从右侧送到客人面前，顺序与桌面分菜相同。

2. 特殊情况的分菜方法

（1）特殊宴会的分菜方法

① 客人只顾谈话而冷淡菜肴：遇到这种情况时，服务员应抓住客人谈话出现短暂的停顿间隙时机，向客人介绍菜肴并以最快的速度将菜肴分给客人。

② 主要客人带有少年儿童赴宴：此时分菜先分给儿童，然后按常规顺序分菜。

③ 老年人多的宴会：采取快分慢撤的方法进行服务。分菜步骤可分为两步，即先少分再添分。

(2) 特殊菜肴的分菜方法

① 汤类菜肴的分菜方法：先将盛器内的汤分进客人的碗内，然后再将汤中的原料均匀地分入客人的汤碗中。

② 造型菜肴的分菜方法：将造型的菜肴均匀地分给每位客人。如果造型较大，可先分一半，处理完上半部分造型物后再分其余的一半。也可将可食用的造型物均匀地分给客人，不可食用的分完菜后撤下。比如分整形鱼时要先剔去鱼骨，其方法是：左手持服务勺，按着鱼头，右手持服务刀将鱼头、鱼尾割开，再从鱼脊或鱼身的侧面顺着鱼骨的方向向下划刀，然后将分割成两半的鱼肉从头部开始向两边轻拨，剔出鱼骨，放在空碟上，再将鱼肉整形，浇上卤汁，按份分割后，根据需要由服务员逐一分派或让客人自行取食，分完菜后，要及时将鱼骨撤下台面。

③ 卷食菜肴的分菜方法：一般情况是由客人自己取拿卷食。如老人或儿童多而需要分菜服务，其方法是：服务员将吃碟摆放于菜肴的周围；放好铺卷的外层，然后逐一将被卷物放于铺卷的外层上；最后逐一卷上送到每位客人面前。

④ 拔丝类菜肴的分菜方法：上拔丝类甜菜前，服务员应把台面上的餐具收去，然后上冷开水、木筷子。上此类菜时动作要特别迅速，以防糖胶变硬。分菜时用筷子将甜菜夹起，立即放在冷开水中冷却后分给客人。

⑤ 分切大块烤牛肉：切烤牛肉的刀应是长刀，切时用力不要过大，避免将肉弄碎，甚至挤出肉汁，并将烤焦的部分也切掉。然后将叉背轻轻按着牛肉，用刀将右边的肉薄薄地切下一片，但这片肉不上桌，再将其切成 0.5cm 厚的肉片分派到客人的餐盘内。

三、实训项目注意事项

1. 注意分菜的顺序

服务人员分菜是代表主人接待客人，所以分菜顺序和斟酒顺序一样，均应按照先女后男、先宾后主的原则进行。

2. 注意卫生

分菜前一定要将手洗干净，用具要清洁，分菜时不要将汤汁滴洒在台面，若分菜时不慎将菜落在台面上，切忌用手拾起，可先用干净布巾包起，再清洁台面；所有食物摆放不能超过餐盘的内边。

3. 动作迅速

服务员在保证质量的前提下，要以最快的速度、最短的时间完成分菜工作，一勺、一叉要干净利落，切不可在分完最后一位时菜已冰凉，分菜时叉勺不能在盘中刮出响声。

4. 分量均匀

掌握好菜点的数量，每位客人能分多少要做到心中有数，并尽量做到一勺准。对于块、只类的菜肴，分菜前最好先数一下，以免分让不均。忌讳将一勺菜分给两位客人，更不允许从客人的菜盘中往外拨菜。

5. 合理搭配

分菜时要将最优质的部分分给主宾、主人。注意头、尾、残骨不能分给宾客。有两种以上原料的菜，注意搭配均匀，并连同卤汁一起分让。而且要保证所有餐盘中的主菜放在靠近客人的一侧，配菜放在主菜的上方。

6. 跟上佐料

在分派带有佐料的菜肴时，要跟上佐料，并略加说明，再将菜肴连同佐料分派在客人的餐碟中。在使用一些特殊佐料时，应先征求客人的意见或让客人自行添加。

四、实训项目考核标准

考核项目	考核标准
分菜手法	1. 分菜手法正确。 2. 不同菜肴能选择合适的分菜工具。 3. 分菜工具使用得当。
分菜位置与姿势	分菜位置准确，操作姿势标准。
分菜顺序	能够按先宾后主的顺序依次进行。
分菜要求	1. 不滴不沾，一次到位，分派均匀。 2. 动作娴熟，操作清洁卫生。
分菜禁忌	能够做到不违反分菜禁忌要求。

项目九　撤换餐用具

【项目目标】

◇ 了解撤换餐用具基础知识。
◇ 熟练掌握撤换餐用具服务技能的操作规范和方法。
◇ 达到撤换餐用具服务技能娴熟、运用自如、处理灵活。

子项目一　撤换餐用具基础知识

撤换餐用具就是服务人员把顾客使用完毕的，多余的或暂时不用的餐具、用具从餐桌上撤下来，并根据需要换上干净的餐具、用具的服务过程。顾客在就餐的过程中撤换餐用具，既可以使台面保持清洁卫生，还能体现工作人员的礼貌服务，提高接待规格，显示菜肴的档次。因此，撤换餐用具是接待服务工作中必不可少的一项技能。撤换餐用具包括撤换烟缸、撤盘和更换餐具。

一、餐盘撤换时机

（1）吃完冷盘后，或上甜品前，要更换骨碟，以免与上道菜残留的卤汁串味。
（2）食完带骨、带核的菜肴后，客人的骨碟上残留着一些骨、壳杂物。若不及时换碟，会影响到下一道菜的食用。
（3）食用带糖醋、浓汁的菜肴后要及时换碟，否则影响下一道菜的纯正原味。
（4）高档宴会几乎每上一道菜都要撤换一次骨碟，以示菜肴的名贵及周到的服务。
（5）翅碗每次使用后就应及时地撤下。
（6）宾客失误，将餐具跌落在地上要立即更换。
（7）上菜不及时时，也可以更换骨碟，既可以分散客人的注意力，又显示服务周到。

二、撤换餐具的位置

中餐在宾客的右边进行，服务员左手托盘、右手先撤下用过的骨碟，然后送上干净的骨碟。撤盘应从主宾开始，按顺时针方向进行。

子项目二　撤换餐用具训练

一、实训项目操作用具

骨碟，烟缸，托盘。

二、实训项目操作程序

1. 撤换菜盘

（1）及时观察客人的用餐情况，待要上新菜时，服务员要先伸出右臂，示意某道基本吃完的菜，主动地询问"可以撤掉吗？"，待客人给予肯定的答复后才能撤盘。

（2）撤盘时要使用托盘，注意动作要轻、要稳。

（3）不要将汤汁洒在客人的身上或桌面上，若有少许菜洒在桌面上，应及时收拾干净再上新菜。

（4）宾客没用完的餐具不能撤换。当个别宾客还没有吃完，而新的菜又来了，这时可先送上一只干净的骨碟，再根据宾客意见撤下脏的骨碟。

（5）如果客人还要食用餐盘中的菜，餐厅员工应将餐盘留下或在征得客人的意见后将菜并到另一个餐盘中。

（6）撤盘时，应将吃剩的菜或汤在客人右边用碗或盘装起来，然后将同品种、同规格的盘按直径由大到小的顺序自下而上摆放整齐。

2. 撤换酒具

撤换餐台上的酒具应使用托盘。从客人的右侧，按顺时针方向进行操作。撤换酒具时，注意保持托盘平稳，杯具不能叠放在一起。换新酒杯时，注意操作方法，只能拿杯柄部分。

3. 撤换烟灰缸

客人在就餐时，服务人员要主动巡台，若发现客人的烟灰缸中有2～3个烟蒂时应及时更换。

换烟缸时，应先在托盘上放置干净的烟灰缸，走到客人的右侧，用右手将干净的烟灰缸覆盖在用过的烟灰缸上，再将两只重叠在一起的烟灰缸放入托盘，然后再把干净的烟灰缸送回到餐桌。这样操作可以避免烟灰飞扬，污染环境。

4. 收拾台面

待客人用餐结束离开餐厅后，服务人员开始收拾台面。收拾餐具的顺序是：先收口布、香巾，再收贵重物品，以免丢失，然后收玻璃器具，最后收瓷器及其他物品。收台时应使用托盘或餐车，轻拿轻放，将餐具堆放整齐。台面收拾完毕，要及时摆台，以迎接下一批客人就餐。

三、实训项目注意事项

（1）撤换餐具要在客人的右手边完成。

（2）尊重宾客习惯，如在撤换餐具的过程中有宾客将筷子放在餐具上，应先将筷子放置在筷架上，再撤下用过的餐具，然后再按原样将筷子放在干净的餐具上。

（3）宾客没有用完的餐具不能撤换，切记不能当着客人的面刮污盘。

（4）撤换餐具应注意手法卫生，用过的餐具和干净的餐具要严格的分开，防止交叉感染。同时换碟时要防止手拿脏的骨碟后，污染干净的骨碟。

（5）撤换餐具要从主宾开始，按顺时针的方向进行，为所有的客人进行撤换餐具的工作。

（6）撤换餐具的过程中，注意托盘不要太靠近客人，物品堆放要合理，以确保托盘平稳。

（7）当客人谈话时不要去打扰客人，可先绕行到下一位客人为其进行撤换餐具的服务，然后再对其做补充服务。

四、实训项目考核标准

考核项目	考核标准
换烟缸	1. 用托盘托着干净的烟缸。 2. 撤换烟缸时应注意尽量不打扰宾客。 3. 把干净的烟缸盖在脏的烟缸上,两个烟缸一起放回托盘里。 4. 把上面干净的烟缸再摆回餐桌上。
换骨碟	1. 撤盘应从主宾开始,在客人的右边,按顺时针方向进行。 2. 左手托盘、右手先撤下用过的骨盘,然后送上干净的骨碟。
撤餐盘	1. 撤盘前询问客人是否可以撤掉餐盘。 2. 动作要轻、要稳。 3. 保持台面干净卫生。

模块三

邮轮餐饮服务实训

项目十 自助餐服务

【项目目标】

◇ 了解自助餐台形设计知识。
◇ 了解自助餐菜台桌形设计知识。
◇ 了解自助餐台型布局设计知识。
◇ 掌握自助餐服务的服务流程和服务规范。

一、自助餐基础知识

自助餐服务是邮轮上最为常见的服务形式。自助餐的菜点以冷菜为主,但有时也备有少量的热菜。自助餐要准备自助餐台,餐台上同时摆放着各种餐具,菜品、饮品都集中放在自助餐台上。宾客根据个人需要,自己取餐具选取食物。宾客可多次取食,可以自由走动,任意选择座位,也可站着与别人边谈边用餐。自助餐适合于会议用餐、团队用餐和各种大型活动,其原则是:客人自我服务,气氛活跃,不必拘泥。

1. 自助餐台形设计的基本要点

(1) 保证有足够的空间布置餐台,餐台数量应充分考虑客人取菜进度,以免造成客人排队或坐在自己座位上等候较长时间。每80~120人设一组菜台,500人以上可每150人设一组菜台。

(2) 现场操作的菜点,主菜如烤牛排等较受客人欢迎的菜点,为了避免拥挤,应该设置独立的供应摊位。

(3) 为了突出主题,可在厅房的主要部位布置1张装饰台,通常是点心水果台。

(4) 自助餐布局设计分为设座与不设座两种形式,所以它的台形设计形式也各不相同。

（5）自助餐布局设计中的餐台面积计算方法，应根据厨房装菜盘的大小与数量、餐桌布置装饰物的大小与多少来决定。

客人单边取菜的宽度不能超过 60cm，两边取菜餐台宽度不大于 60cm＋60cm＋中间装饰物的宽度，长度为（菜盆长度＋两菜之间的间距）×菜的数量，菜盆长度为菜盆的寸数×2.54cm，例如 14 寸＝35.56cm，16 寸＝40.64cm，18 寸＝45.72cm。简算法：一张常规标准的条桌（1.83m×0.45m）可放 4 个菜盆。

（6）要注意客人取菜路线的流向。人流的交汇处应在取菜口上，而不能是取菜处的尾部，这是因为客人手持盛满菜肴的菜碟，穿过人群是比较危险的。另外尽量与加菜厨师的线路分开。

2. 自助餐菜台桌形设计的基本图案

自助餐菜台拼搭的先决条件是各类桌子尺寸必须规范，桌形的变化要服从实际的需要。餐台分布匀称，餐桌可组合成 U 形、V 形等各种图案进行摆放。

（1）U 形长条类主菜台。中间的空隙可以站服务员，为客人提供分菜服务，提高客人的流速。如图 3-1 所示。

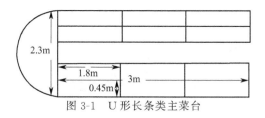

图 3-1　U 形长条类主菜台

（2）步步高形长条类主菜台。在相同的占地面积下拉长了桌子的周长，增加了同时取菜客人的数量，从而减少了客人的等候时间。如图 3-2 所示。

图 3-2　步步高形长条类主菜台

（3）V 形长条类主菜台。从中间开始取菜的客人取完菜后，很自然地顺着台型分散开，减少客人手持盛满菜肴的菜碟穿过人群的危险。如图 3-3 所示。

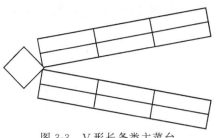

图 3-3　V 形长条类主菜台

（4）Y 形长条类主菜台。当从 Y 底部开始取菜的客人取菜完后，很自然地顺着台形分散开，而不会聚集在餐厅中间 180°后转，引起翻碟。如图 3-4 所示。

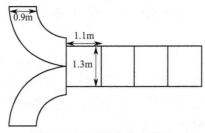

图 3-4　Y 形长条类主菜台

（5）串灯笼形长条类主菜台。与圆灯笼桌形配合布置可营造出中国式的喜庆氛围。如图 3-5 所示。

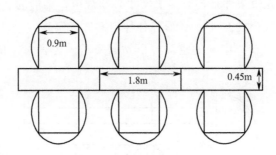

图 3-5　串灯笼形长条类主菜台

（6）长蛇形长条类主菜台。长桌的中间嵌入大圆台，使此台样具备菜台兼有装饰台功能，圆台处是摆放菜品的，此台样对仅排一组菜台的小型冷餐会很适用。如图 3-6 所示。

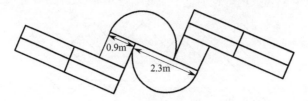

图 3-6　长蛇形长条类主菜台

（7）J 形组合长条类主菜台。由多块半圆形台面组合的台面给人以动态的感觉。如图 3-7 所示。

（8）红灯笼形多类型主菜台。可当主菜台，也可当主饰台，适用于正方形厅房内使用。如图 3-8 所示。

图 3-7　J 形组合长条类主菜台

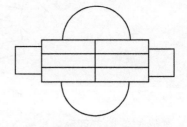

图 3-8　红灯笼形多类型主菜台

3. 自助餐台型布局设计

（1）不设座自助餐的布局设计。如图 3-9 所示。

设计要点如下。

① 站立式就餐，时间不会很长，菜台设计要加快客人的流量。

② 不用大圆桌与椅子，空旷区域较大，菜台的布局要松散，但相互间要有呼应。

③ 舞台设计要小，即使有演出也是独奏类的节目。

④ 四周可摆少量椅子，供女宾和年老体弱者使用。

⑤ 不设主宾席。若设主宾席，可在厅室的前方摆上几组小餐桌，也可摆大圆桌或长条桌作为宾主席。

图 3-9(1)菜台设计由于人数较多，采用的是无坐式自助餐。图 3-9(2)是两组菜台的布置。以横向面的设计较好，竖向设计会使主席台的位置比较拥挤，或取菜台较拥挤。

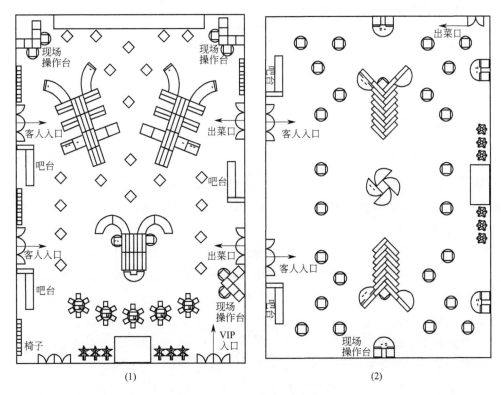

图 3-9 不设座自助餐的布局设计

（2）设座自助餐的布局设计。如图 3-10 所示。

设座自助餐的台型设计有两种形式：一种是用小圆桌，每张桌边摆 6 把椅子，在厅内布置若干张菜台；另一种是用 10 人桌面，摆 10 把椅子，将菜点和餐具按西餐美式用餐的形式摆在餐桌上。

图 3-10(1)为有柱子的宴会厅，合理地把柱子利用到菜台的中间，节省了很大的空间。图 3-10(2)为梯形宴会厅，为了解决人少厅大的情况将菜台设计在宴会厅的中间，通过 X 形的菜台设计，把宴会厅按客人的需求有机地分割为 4 个部分。

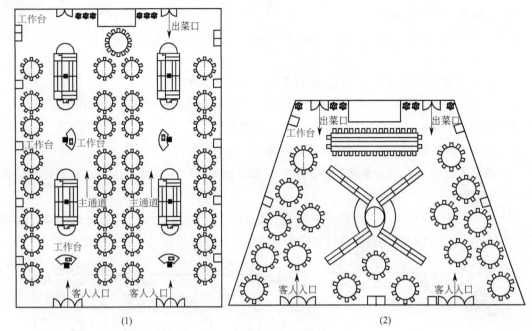

图 3-10 设座自助餐的布局设计

4. 自助餐的布置和具体要求

（1）自助餐主题和环境。

自助餐是既有档次又不失轻松的交流场所。所以，不同的自助餐应有不同的明晰的主题，不同的自助餐要创造或设置于不同的环境。譬如圣诞节、元旦、春节欢庆等，都有其独特的内涵和外延，都有不同的主题，必须在自助餐的主题和环境上有不同的体现，既有共性，又有个性。

（2）自助餐台面设计。

自助餐台面是自助餐中最占据视线、最反映氛围的部分，是自助餐的大色块、大布局，是主色调。一般来说，有冷色调或暖色调之分，自助餐中，采用蓝白横拼的冷色调，反差冷峻而不失高雅。采用黄红相间的暖色调，揉入基本色彩，充满节日的喜庆而又不入俗套。所以，台面设计的基本要求，既要兼顾中外文化的传统习俗，更要追求色彩的创新和谐，体现自助餐的主题和邮轮的特点。

（3）自助餐菜单设计。

菜单设计首先要坚持整体性，在为主题服务的前提下，充分考虑客人的意见和餐饮习惯。同时又要坚持多样性，每一组菜不要少于 50 种。菜单设计与台面设计要相辅相成，台面较深，主菜色彩可以从浅，台面较浅，主菜可艳丽些，冷暖搭配，深浅搭配。菜单设计要注意预制菜肴、厨房热菜和自助餐现场操作的配合。实践证明，现场操作既可增加进食气氛，也有利于菜肴质量，特别为宾客所青睐。

（4）自助餐立体及平面摆放。

自助餐在桌面菜肴摆放上突出层次感以及桌面摆放的立体性，效果很好。譬如，可以用置放托架的办法来体现立体感，用高托架底放置水果盆的办法来反映层次感，用有机托架下放置雕刻作品的方式，既增加了菜肴美感，又在菜肴取完后起到点缀作用。又如，菜肴、水果、花草、雕刻、冰雕等在菜台上的多层次置放、立体展示等，操作得当，可以起到画龙点睛之效,使整个桌面"活起来"。

(5) 自助餐餐具及盛器。

餐具及盛器从来就是餐饮文化中的重要一环,俗话说:好马配好鞍。好菜配好盘,在自助餐上尤为重要。要大胆使用具有现代造型美的器皿,用于自助餐的菜肴、点心、水果等的装盆、点缀,能起到事半功倍的效果。

(6) 装盆与点缀。

自助餐菜肴装盆,既要美观又要实用,既要丰富多彩又要便于取食。譬如,装盆要象形,有一定的图形,有完整的外观,给人以美感。但自助餐自由取食的特点,又要求在装盆时必须给取食提供方便,便于快捷取食。装盆的点缀,无论中菜、西菜,一般都以素菜作为烘托,不要喧宾夺主,要突出主菜本身。点缀的素菜,又要在品种和形式上多有变化。

(7) 自助餐灯光增色。

局部灯光的使用是自助餐上很重要的内容,这里主要是指直接照射菜肴的辅助光源的设计和使用。辅助光源(如射灯)照射在菜肴上,可以保温和增色。所谓保温,是指既可以对热菜或点心起到防冷及增脆的保温作用,还可以通过不同光谱的灯光给不同色彩的菜肴增添色彩,增加美感。如果再配以一定的烟雾效果等,更能够增进菜肴的色、香、味。

(8) 自助餐调酒与饮料。

自助餐具有轻松和自由交流的特点,因此,在宾客享受上,酒和饮料的作用就更为重要。自助餐除了酒和饮料的多样性外,可以增加调制酒,可以在现场有调酒师调酒,以增添喜庆气息,活跃现场气氛。

(9) 自助餐服务。

自助餐服务较之传统桌餐更具随意性和多样性,更具个性化。从这个意义上说,更难达到高水准。所以,要研究自助餐,特别是大型自助餐的规范化服务与客人需求,研究国际上的服务经验,融会贯通,提供优质的个性化自助餐服务。

(10) 大型自助餐乐队和音乐。

优美的音乐和训练有素的乐队是大型自助餐高档次的重要表现。乐能助酒,乐能助兴,好的音乐和乐队可以使游客流连忘返,依依不舍,更能使游客敞开心扉,相互交流。

自助餐设计评价标准

设计项目	评价标准
主题	主题突出、鲜明、健康、积极向上。
餐厅布置	装饰与主题交相辉映,烘托气氛,体现饮食文化,灯光效果、背景音乐的选择符合主题。
食品台布置	有立体感,不同菜肴分类摆放,方便取菜,符合主题。
装饰台布置	立意新颖,创意独特,富有感染力,台面丰富,具有强烈美感。
餐台装饰与设计	餐桌中心装饰烘托主题,与台面布置整体协调,具有一定的文化性、艺术性和观赏性。 用具、物品、色彩搭配合理,具有协调性。 布置合理,客人使用方便,具有经济性和实用性。
菜单设计	设计合理,符合主题,满足客人的饮食习惯。
作品解说	主题突出,表情自然,和蔼可亲,语言流畅,富有影响力、感染力。规定10分钟之内。

二、自助餐服务程序

1. 餐前准备

（1）受理预订。

预订人员熟悉自助餐服务内容、服务程序和餐厅利用情况，具有较丰富的食品和饮料知识。预订过程中，对主办单位、预定标准、出席人数、举办时间、菜点、饮料要求、厅堂布置和台型设计等要求记录清楚、准确。预定单填写或打印规范。预定完成后，及时拟定接待方案，提前做好安排。

（2）会场布置。

自助餐举办当天，提前 1~2 小时组织服务人员布置会场。从宴会通知单上了解参加人数、酒会形式、台型设计、菜肴种类、布置主题等事项。餐台的摆放应方便宾客选取菜肴，并注意宾客流动方向。环境布置要围绕宴会主题。会场布置与主办单位要求、接待规格相应。台型设计美观，突出主宾席或主宾席区。餐台摆放整齐，台面餐具、茶具、冷餐食品摆放规范，席次牌、烟灰缸位置得当。过道宽敞，方便客人进出及用餐。会场布置做到设备、餐台整个布局协调，室内清洁卫生，环境气氛和谐宜人，符合主办单位要求。

（3）餐台摆设。

① 食品陈列台（自助餐台）的布置。宾客所取菜肴整齐放在餐台最前端。色拉、开胃品和冷菜放在客人首先能取到的一端；接下来放蔬菜、肉食菜肴，每种菜肴的配料放在一起；热菜放在加温与保温的设施上；甜品、水果放在主菜后或单独设台摆放；陈列台的前部或后部放餐具——盘、刀、叉、勺等。

② 装饰台的布置。布置看台时，先在餐台上铺台布，然后围上装饰用的桌裙。台中央可布置冰雕、鲜花、水果等装饰物点缀，以烘托气氛、美化环境。

③ 餐台的摆放。餐台主要摆放小件物品，如酒具、椒盐瓶、牙签筒、烟灰缸、桌号、鲜花、烛台、小毛巾或纸巾等。

（4）餐前准备

① 工作前整理好自己的仪容仪表和保持良好的精神状态。

② 检查所用的餐具、电器设备设施等和需要使用的物品是否备齐。

③ 做好餐厅的卫生（包括自助餐台、服务段和吧台等）并随时观察是否有客人进入餐厅。

④ 准备好自助餐摆台的用具（要经过高温消毒的）和夹食品的食品夹（没有水渍）。

⑤ 备好餐中所需的水果、饮料、食品、易耗品、汁酱等。

⑥ 对每天餐厅所出的菜肴的知识和用料要熟悉掌握。

⑦ 从迎宾处了解当餐或下一班客人订餐的情况进行适当的备餐工作。

⑧ 餐前工作准备好后，开班前会和分配工作。

2. 迎宾与领位

（1）到开餐时间迎宾员要准时站在迎宾台，随时迎接客人。

（2）客人来到餐厅时应主动、热情迎接，服务语言运用规范，坚持微笑服务。

（3）带客人进餐厅并询问客人的人数，适当调整餐具和餐位并为客人拉椅入座。

（4）服务人员应主动提醒客人离位取食物时随身携带贵重物品。

3. 就餐服务

（1）宾主全部就座后，主办方致辞、祝酒并宣布自助餐正式开始。

（2）自助餐台一般由厨师值台。厨师负责向宾客介绍、分送菜肴，切割烤肉；及时添加菜肴并保温。

（3）服务员要随时接受宾客点用酒水，并负责送到宾客手中或餐桌。

（4）根据客人的要求帮助宾客取用菜肴、食品。

（5）客人用餐过程中，照顾好每个台面，时刻关注、体察客人需要，适时补充冷餐食品、饮料、纸巾、牙签、酒水和饮料。

（6）客人有询问，认真倾听，礼貌回答。

（7）与厨房保持联系，保证餐台菜品满足使用，尽可能满足客人特殊需要。

（8）及时地为客人撤换用过的餐碟，保持自助餐台台面和食品夹的干净和整洁。

（9）如果客人要求服务员帮忙看其物品的，服务员要认真地帮客人看好。

4. 收尾工作

（1）检查餐具是否有丢失或破损，尽量在客人离开前检查。

（2）拉椅送客，同时注意是否有宾客遗留物品。

（3）快速的检查台面，整理餐椅并定位，整理花瓶和台号卡。

（4）按照口布、杯具、易耗品、不锈钢餐具的收拾顺序收拾餐具并重新摆台。

（5）宾客全部离开后，厨师负责将余下的菜肴全部撤回厨房，分别按规定处理。

（6）做好地板的卫生工作，随时保持地板的卫生清洁。

（7）检查各项工作是否做完，并检查电源等是否切断，和下一班人员做好交接。

项目十一 西餐服务

【项目目标】

◇ 了解西餐菜肴的特点和西餐的构成等西餐基础知识。
◇ 能区分西餐不同服务方式的服务特点。
◇ 熟练掌握西餐早餐、正餐的服务流程和服务规范。
◇ 通过实训演练掌握西餐不同服务方式的服务流程和服务规范。
◇ 达到西餐服务接待娴熟、运用自如、处理灵活。

西餐服务经过多年的发展,各国和各地区都形成了自己的特色。西餐服务常采用法式服务、俄式服务、美式服务、英式服务等方式。因此,一个优秀的西餐值台员应掌握各种服务方式的服务规程,以适应不同就餐客人的需求。

一、西餐服务基础知识

西餐是我国人民和其他部分东方国家和地区的人民对西方国家菜点的统称,广义上讲,也可以说是对西方餐饮文化的统称。我们所说的"西方"习惯上是指欧洲国家和地区,代表的有英国、俄罗斯、意大利、法国、德国等,因此西餐主要指代的便是以上区域的餐饮文化。

1. 西餐菜肴特点

(1) 选料精细,要求严格。西餐选料极为精细,在质量和规格上均有严格要求。西餐用于烹饪的原材料有各种畜肉类、水产类、野味类、家禽类、果蔬类、乳品类、谷类等多种类型,不但用料讲究,而且十分注重分质定标,分档取材,以确保其烹调质量。

(2) 讲究营养,注意卫生。西餐烹饪注意营养价值。向消费者提供的菜肴食品首先要求美味、卫生、富有营养,因此,西餐烹饪十分注意膳食中营养素的含量及菜品的营养结构和营养价值。西餐在营养成分方面有一定的规格标准,要求畜、禽、水产、蔬菜和水果等必须做到合理搭配。冷菜食品要求极为严格,保存时间不宜过长。

(3) 调料讲究,品种多样。西餐菜品十分注意调料的配用,除常用的盐、胡椒、酱油、番茄酱、芥末、咖喱汁等调味品外,还在菜肴中添加香料,以增加菜肴香味,如桂皮、丁香、茴香、薄荷叶等。一款菜品往往需多种调料的组合方可成菜。如调制一种普通红沙司,就需用褐色汤、葱头、胡萝卜、胡椒粒、香叶、芹菜、大蒜、番茄酱、辣酱油、糖、盐、柠檬、黄油、面粉等十多种调料和配料。烹制菜肴所用的种类不同的酒也是多种多样,如法式菜肴制菜时常用的酒有白兰地、红(白)葡萄酒、朗姆酒、甜食酒等。

(4) 小量操作,工艺细致。西餐菜肴大多以份为单位,习惯于按份制作。如煎牛排就是限量煎制,现售现煎。只有这样制出的成菜才能保证其质嫩色佳,味道鲜美。西餐的烹饪方法很多，常用的有煎、烩、烤、焖等十几种，而且十分注重工艺流程，讲究科学化、程序化，工序严谨。如一份普通的炸猪排，则需要剔筋、去肥、切块、拍板、点剁、入味、拍粉、拖蛋、裹皮、油炸等多道工序才能制成。

（5）器皿讲究，注重菜肴生熟程度。西餐烹调的炊具与餐具均有不同于中餐的特点，特别是餐具，除瓷制品外，水晶、玻璃及各种金属餐具占很大比重。西餐中的一些食草动物的肉（如牛、羊肉）、禽类（如鸭）和海鲜一般烹制得较为鲜嫩以保持其营养成分，有的甚至生食，如牡蛎。但杂食动物类的肉及河鲜必须全熟方能食用。特别是牛肉、羊肉的老嫩程度很讲究，服务员接受点菜时，必须问清宾客的需求，厨师按宾客的口味进行烹制。

2. 西餐常见菜式及特点

西餐饮食文化涵盖的地区较中餐广泛，由于各国饮食特点的不同，西餐也是流派纷呈，风格迥异，味道独特。在西餐众多的菜式中，较有代表性的有法式菜、英式菜、美式菜、俄式菜、意式菜等。另外，德国、奥地利、匈牙利、西班牙、荷兰、葡萄牙等国的菜点也都各具特色。不同国家的人有着不同的饮食习惯，有种说法非常形象，说"法国人夸奖着厨师的技艺吃，英国人注意着礼节吃，德国人考虑着营养吃，意大利痛痛快快地吃"。下面介绍不同类别西餐的主要特点。

（1）西餐之首——法式大餐。

法国人一向以善于吃并精于吃而闻名，法国菜素以技术精湛著称于世，法式大餐至今仍名列世界西菜之首。

法国菜式选料广泛（如蜗牛、鹅肝都是法式菜肴中的美味），用料新鲜，加工精细，烹调考究，滋味鲜美，花色繁多。法式菜肴选料时力求新鲜精细，且较广泛，蜗牛、马兰、百合等均可入菜；法式菜还比较讲究吃半熟或生食，如牛排、羊腿以半熟鲜嫩为特点，海鲜的蚝也可生吃，烧野鸭一般六成熟即可食用等；法式菜肴重视调味，调味品种类多样，如用酒调味，什么样的菜选用什么酒都有严格的规定，如清汤用葡萄酒、海味品用白兰地酒、甜品用各式甜酒或白兰地等；此外，法国人还十分喜爱吃奶酪、水果和各种新鲜蔬菜。

（2）简洁与礼仪并重——英式西餐。

英式的饮食烹饪有家庭美肴之称。英国菜式选料广泛，口味清淡。英式菜选料时多选用肉类、海鲜和蔬菜，菜量要求少而精。烹调上讲究鲜嫩和原汁原味，所以较少用油、调味品和酒。盐、胡椒、酱油、醋、芥末、番茄酱等调味品大多放在餐桌上由客人自己选用。英式菜肴的烹调方法多以蒸、煮、烧、熏见长。

英国人早晨起床前，习惯喝杯浓茶，早餐十分讲究，有"丰盛的早餐"之称，一般有熏咸肉、烩水果、麦片、咖啡、鸡蛋、橘皮果酱、面包等。中餐较简单，有时只吃些三明治，或者用一菜、一汤、点心和咖啡。下午3点左右，习惯吃一些茶点，如蛋糕、咖啡、红茶、三明治等。晚餐则是英国人每日的主餐，习惯吃烧鸡、烤羊腿、牛排，喜食口味较甜的点心和各式布丁。

（3）西菜始祖——意式大餐。

意大利是欧洲古国，其烹饪对整个欧洲有很大影响。在罗马帝国时代，意大利曾是欧洲的政治、经济、文化中心，就西餐烹饪来讲，意大利可谓是始祖，可以与法餐、英餐相媲美。

意式菜讲究原汁原味，口味浓香。菜肴用番茄酱做调料较多，烹调上以炸、炒、煎、红烩、红焖等方法著称。意式菜以面制品见长，如通心粉、比萨饼等。意大利人喜爱面食，做法吃法甚多。其面条制作有独到之处，各种形状、颜色、味道的面条至少有几十种，如字母形、贝壳形、实心面条、通心面条等。

（4）营养快捷——美式菜肴。

美国菜是在英国菜的基础上发展起来的，继承了英式菜简单、清淡的特点，口味咸中带甜，少用辣味。美国人喜欢铁扒类的菜肴，常用水果作为配料与菜肴一起烹制，如菠萝焗火腿、苹果烧鹅肝、橘子烧鸭等，烹饪食物时注重营养学的研究。美国人对饮食要求并不高，只要求营养、快捷。

（5）西菜经典——俄式大餐。

俄式菜多方面吸收了欧洲其他国家，尤其是法国菜的长处，并根据自己的生活习惯逐渐形成了独具特色的菜式。沙皇俄国时代的上层人士非常崇拜法国，饮食和烹饪技术主要学习法国。但经过多年的演变，特别是俄罗斯的气候要求食物要高热量的特点，俄式菜肴逐渐形成自己的烹调特色。

俄式菜选料广泛，油大味浓，制作简单，简朴实惠。俄式菜喜用鱼、肉、蔬菜作原料，口味以酸、甜、咸、辣为主，酸黄瓜、酸白菜往往是饭店或家庭餐桌上的必备食品。烹调方法以烤、熏、腌为特色，喜用奶油调味，烹调方法较为简单，肉禽类菜肴要烹制全熟才食用。

俄罗斯人喜食热食，爱吃鱼肉、肉末、鸡蛋和蔬菜制成的小包子和肉饼等，各式小吃颇负盛名。

（6）啤酒、自助——德式菜肴。

德国人对饮食并不讲究，喜欢吃水果、奶酪、香肠、酸菜、土豆等。不求浮华、只求实惠营养，首先发明自助快餐。德国菜式丰盛实惠，朴实无华。喜用灌肠、腌肉制品，口味以咸中带酸、浓而不腻为特点，喜用啤酒调制，烹调方法较为简单，某些原料，如牛肉有时生食。

德国人的食物以经济实惠为主，喜欢喝啤酒、吃香肠，以肉食为主，但多种制法的土豆、咸鲱鱼色拉几乎每餐必吃，也是他们的部分粮食。口味方面，大部分偏爱甜食，一部分人爱吃酸食，有的德国人还爱吃生牛肉拌生鸡蛋。此外，用啤酒制成各式菜肴，如德式啤酒火腿、德式啤酒烩牛肉等，风味特色显著，烹调方法主要有：红烧、煎煮、清蒸等。

3. 西餐的构成

（1）西式早餐。西餐早餐大致由果汁类、水果类、五谷类、鸡蛋类、肉类（火腿、香肠、咸肉等）、面包类、热饮类组成。不同的国家或地区对饭菜品种、餐食的数量和质量的要求不一样。西式早餐有欧陆式早餐、英式早餐、美式早餐。

① 欧陆式早餐（Continental Breakfast）。这是一种比较简便的早餐，包括果汁或水果、牛角包或丹麦甜饼、各种面包配黄油和果酱、咖啡或茶。无蛋无肉，又称"全咖啡加面包"。

② 英式早餐（English Breakfast）。包括果汁或水果、冷或热的谷物食品、各式鸡蛋或

煎墨鱼饼、吐司配黄油及各式果酱、咖啡或茶。英式早餐有蛋无肉。

③ 美式早餐（American Breakfast）。这是一种比欧陆式早餐稍微复杂一些的早餐服务。包括果汁或水果、冷或热的谷物食品、各式蛋类配以肉食（咸肉、小香肠、火腿等）、吐司配黄油及果酱，有时还加炸土豆条、咖啡或茶。美式早餐有蛋有肉。

（2）西餐正餐。西餐的正餐不论是宴会还是便餐，多由开胃菜、汤、色拉、主菜和甜点组成。

① 开胃菜（Appetizers）。西餐的第一道菜是开胃菜，也称为开胃品、头盘。开胃品的内容一般有冷头盘和热头盘之分，常见的品种有鱼子酱、鹅肝酱、熏鲑鱼、鸡尾杯、奶油鸡酥盒、焗蜗牛等。因为是要开胃，所以开胃菜一般都有特色风味，味道以咸和酸为主，而且数量少，质量较高。

② 汤（Soup）。和中餐不同的是，西餐的第二道菜就是汤。西餐的汤大致可分为清汤、奶油汤、蔬菜汤和冷汤等 4 类。品种有牛尾清汤、各式奶油汤、海鲜汤、美式蛤蜊汤、意式蔬菜汤、俄式罗宋汤、法式焗葱头汤。冷汤的品种较少，有德式冷汤、俄式冷汤等。

③ 色拉（Salad）。色拉又称沙拉，意思即是凉拌菜。是由各种凉透了的熟原料或是可直接食用的生原料加工成较小的形状，加入调味品，浇上各种冷沙司或冷调味汁。它可分为：水果沙拉（Fresh Fruit Salad），是用各种新鲜水果制成，它一般在主菜前上桌；蔬菜沙拉（Vegetable Salad）使用各种蔬菜制成，一般作为配菜与主菜一起食用；荤菜沙拉（Meat Salad），是用各种冷熟肉、禽、海鲜等制成，可以做头盘或用于自助餐、冷餐会的单独一道冷菜，如火腿沙拉、金枪鱼沙拉、意式肉沙拉等。

④ 主菜（Main course）。肉、禽类菜肴是西餐的第四道菜，也称为主菜。肉类菜肴的原料取自牛、羊、猪等各个部位的肉，其中最有代表性的是牛肉或牛排。牛排按其部位又可分为沙朗牛排（也称西冷牛排）、菲利牛排、"T"骨型牛排、薄牛排等。其烹调方法常用烤、煎、铁扒等。肉类菜肴配用的调味汁主要有西班牙汁、浓烧汁精、蘑菇汁、白尼斯汁等。禽类菜肴的原料取自鸡、鸭、鹅，通常将兔肉和鹿肉等野味也归入禽类菜肴。禽类菜肴品种最多的是鸡，有山鸡、火鸡、竹鸡，可煮、炸、烤、焖，主要的调味汁有黄肉汁、咖喱汁、奶油汁等。

⑤ 甜点（Dessert）。西餐的甜品是主菜后食用的，是西餐的最后一道菜品。从真正意义上讲，它包括所有主菜后的食物，如布丁、煎饼、冰淇淋、奶酪、水果等。

另外西餐正餐在上菜前应送上面包和黄油，俗称开餐包。在餐后应提供咖啡、茶等饮料和餐后酒，如白兰地、利口酒等。

4. 西餐服务方式

（1）法式服务（French Style Service）。

传统的法式服务在西餐服务中是最豪华、最细致和最周密的服务。通常，法式服务用于法国餐厅，即扒房。法国餐厅装饰豪华高雅，以欧洲宫殿式为特色，餐具常采用高质量的瓷器和银器，酒具常采用水晶杯。通常采用手推车或旁桌现场为顾客加热和调味菜肴及切割菜肴等服务。在法式服务中，服务台的准备工作很重要，要在营业前做好服务台的一切准备工作。

法式服务由两名服务人员，即一名服务员和一名服务员助手为一桌宾客服务。服务员的任务是：接受宾客点菜点酒，上酒水；在宾客面前即兴烹制表演，以烘托餐厅气氛；递送账单，为宾客结账。服务员助手的任务是：送点菜单入厨房；将厨房准备好的菜盘放在推车上送入餐厅；将服务员已装好盘的菜肴端送给宾客；负责收拾餐具，听从服务员的安排。在法式服务中，除面包、黄油、色拉和其他必须放在客位左边的食品从宾客的左手边上桌外，其他食品饮料一律用右手在客位的右边送上餐桌。

法式服务是一种非常豪华的服务，注重服务程序和礼节礼貌，注重服务表演，最能吸引宾客的注意力，服务周到，每位顾客都能得到充分的照顾。但是，法式服务节奏缓慢，要使用许多的贵重餐具，需用餐车、旁桌，故餐厅的空间利用率很低，同时还需要较多的经过培训的专业服务人员，用餐费用也昂贵。

（2）俄式服务（Russian Style Service）。

俄式服务同法式服务相似，也是一种讲究礼节的豪华服务。但其服务方法不同于法式。俄式服务注重实效，讲究优美文雅的风度，将装有整齐和美观菜肴的大浅盘端给所有宾客过目，让宾客欣赏厨师的装饰和手艺，也刺激了宾客的食欲。俄式服务由一名服务员完成整套服务程序，服务的方式简单快速，服务时不需要较大的空间。因此，它的效率和餐厅空间的利用率都比较高。服务员从厨房里取出由厨师烹制并加以装饰的盛在银制菜盘内的菜肴和热的空盘，将其置于餐厅服务边桌之上。用右手将热的空盘按顺时针方向，从客位的右侧依次派给宾客，然后将盛菜银盘端上桌让宾客观赏，再用左手垫餐巾托着银盘，右手持服务叉勺，从客位的左侧按逆时针方向绕台给宾客派菜。派菜时，根据宾客的需求量派给，避免浪费和不足分派，每派一道菜都要换用一副清洁的服务叉勺。汤类菜肴可盛放在大银碗中用勺舀入宾客的汤盆里，也可以盛在银杯中，再从杯中倒入汤盆。

俄式服务较法式服务节省人力，服务速度也较快，餐厅的空间利用率高，又能显示其讲究、优雅的特点，使宾客感受到特别的关照，派菜后多余的食物可以回收，从而避免不必要的浪费。但是，如果宾客同点一道菜，那么派到最后一位宾客时，所能看到的是一只并不美观的盘子，里面的菜肴所剩无几，总有一些影响食欲的感觉。如果每一位宾客点的菜不同，那么服务员必须端出很多银盘。另外，俄式服务的银器投资很大，而使用率却又相当低，如果使用和保管不当以及高额的固定成本会影响餐厅的经济效益。

（3）英式服务（British Style Service）。

英式服务也称家庭式服务，其服务方法是服务员从厨房里取出烹制好的菜肴，盛放在大盘里和热的空盘里，一起送到主人面前，由主人亲自动手切割主料并分盘，服务员充当主人的助手，将主人分好的菜盘逐一端给宾客。各种调料、配菜都摆放在餐桌上，由宾客根据需要互相传递或自取。英式服务的家庭气氛很浓，许多服务工作由客人自己动手，用餐的节奏较缓慢。主要适用于宴会，很少在大众化的餐厅里使用。在美国，家庭式餐厅很流行，这种家庭式的餐厅采用英式服务。

（4）美式服务（American Style Service）。

美式服务又称为"盘子服务"，是一种简单和快捷的餐饮服务方式，一名服务员可以看数张餐台。食物都由厨师烹制好，并分别装入菜盘里，由服务员送至餐厅，直接从客位的右侧送给每位宾客，脏盘也从右侧撤下。热菜要盖上盖子，并且在顾客面前打开盘盖。传统的美式服务，上菜时服务员在客人左侧，用左手从客人左边送上菜肴，从客人右侧撤掉用过的餐盘和餐具，从顾客的右侧斟倒酒水。目前，许多餐厅的美式服务上菜服务从顾客的右边，用右手，顺时针进行。

美式服务简单明了，速度快，人工成本很低，有利于用有限数量的服务人员为数量众多的宾客提供服务。常用于各类宴会，也是西餐厅、咖啡厅中十分流行的一种服务方式。

(5) 大陆式服务（Continental Service）。

大陆式服务融合了法式、俄式、英式、美式的服务方式，餐厅根据菜肴的特点选择相应的服务方式。如第一道菜用美式服务，第二道菜用俄式服务，第三道菜用法式服务等。但不管采用何种方式，都必须遵循方便宾客用餐、方便员工操作这两个原则。又如，西餐零点餐厅多以美式服务为主，但也可根据点菜情况在宾客面前烹制，配制魔鬼咖啡或爱尔兰咖啡，用法式服务来点缀菜肴，烘托整个餐厅的气氛。

二、西餐服务程序

1. 西餐早餐服务

早餐是客人一天中的第一餐，服务员应尽量给客人提供满意的服务。提供早餐服务必须准时，提供的早餐在数量和品种上要齐全、高质量，另外还要给客人提供一个舒适的就餐环境，尽可能使早餐服务具有特色。

(1) 准备工作。服务员须在早餐开始前半小时全部到岗，简短的碰头会，检查员工仪容仪表，布置当日工作，分配员工工作岗位，介绍厨房当日菜肴和推销菜肴；领班和服务员按区域检查餐台、台布、口布、餐具、玻璃器皿、不锈钢器皿、各种调味品、托盘、烟缸、花瓶等是否齐全、清洁、明亮，摆放是否规范，整个餐厅是否统一；准备好菜单、饮料单，其中饮料单、菜单须清洁，配合厨房摆放自助餐用具和食品，所有用具要保证一定的周转量，以备更换。

(2) 点菜。客人就座后，服务员应表示欢迎，并从客人右边递上菜单和饮料单，客人点菜时，服务员应在客人斜后右方，上身微躬，如果客人不能确定菜肴，应主动地向客人介绍菜肴，帮助客人选择菜肴。如有特殊要求，须加以说明。客人点完单后，应重复点单内容，以请客人确认，如客人所点菜肴出菜时间较长，应及时提醒客人，并征求客人意见，是否需要更换。

(3) 上菜。根据客人所点菜肴，调整桌面原有的餐用具，上饮品、菜肴或撤碟时一律使用托盘，除自助餐外无论客人吃美式套餐、欧陆式套餐还是零点都应在客人确定好饮料和菜肴后，尽快为客人提供饮料。上菜时，应检查所上菜肴与客人所点菜肴是否一致，调味品与辅料是否跟全。西餐早餐上菜顺序为先冷后热，从客人右侧上菜，从客人左侧撤碟。上菜时要报菜名，放菜要轻，每上一道菜，都须将前一道用完餐的用具撤掉，咖啡或茶只有在客人结账离去后才可撤走。

(4) 用餐。早餐就餐客人多，周转快，须不断地与厨房联系，以确保供应，保证出品质量，控制出菜时间。每个服务员应对自己所分管的台面负责，要注意客人的表情，尽可能的解决和满足客人提出的要求，经常为客人添加咖啡或茶。在就餐过程中要避免发生送错菜或冷落客人、让客人久等的现象。及时撤去餐后盘、碟，勤换烟缸，做好台面清洁。

（5）征询意见。在不打扰客人的情况下，主动征求客人对服务和出品的意见，如客人满意，应及时表示感谢；如客人提出意见和建议，则应认真加以记录，并表示将会充分考虑他的意见。

（6）结账。只有在客人要求结账时，服务员方可结账。多位客人一起就餐时，应问清统一开账单还是分开开账单，凡邮轮乘客要求签房账时，服务员应请客人在账单上签上姓名和房号，并由收银员通过电脑查询核实后方能认可。结账要迅速准确，认真核实账单无误后，将账单夹在结账夹内交给客人，结账后，应向客人表示感谢。

（7）送客。客人离开时应为其拉开座椅，递上衣帽，对客人的光顾表示感谢，并欢迎再次光临，检查是否有客人遗留的物品，如有发现应及时送还；如客人已离开，则应交送餐饮部办公室。

（8）撤台。客人离去后及时检查是否有尚未熄灭的烟蒂，按先口布、毛巾，后酒杯、碗碟、筷子、刀叉的顺序收拾餐具及有关物品，按铺台要求重新铺台，准备迎接新的客人。

2. 西餐正餐服务

高级西餐厅体现了西餐服务的最高水准，其午餐和晚餐服务讲究，注重情调，节奏缓慢且价格昂贵。西餐午餐、晚餐的用餐时间较长，服务技术要求较高。一般要求服务员需经过严格培训后才能上岗，除要掌握各种基本服务技能外，还应熟悉菜肴与酒水知识及服务方式，娴熟地掌握客前煎制技能，有娴熟的推销技巧，并具有高超的服务技巧和熟练的外语会话能力。

（1）餐前准备。

① 准备物品。根据客人的预订情况、当日客情、特别菜肴推销及服务的需求，备足所需服务用具、餐具，备好各种调味品。

② 摆台。按西餐午、晚餐摆台要求进行摆台。

③ 餐前检查。

检查西餐厅设施、设备是否正常运行，完好无损。

检查西餐厅环境卫生、温度等是否符合规定要求。

检查衣帽间的衣架等相关服务设施是否齐全、充足。

④ 召开餐前会。开餐前 30 分钟，由餐厅经理按规定召集餐前会，其主要内容是：了解当日客情、介绍当日特别菜肴及其服务方式、了解宾客接待注意事项、子项目分工、检查台面布置是否符合要求、检查服务员的仪容仪表是否符合服务要求。

（2）迎宾入座。

客人到达餐厅后，迎宾员要主动上前问候，如客人需要还应提供衣帽寄存服务。如果宾客有预订，领位员将宾客引领到预留的餐桌，与餐厅服务员合作，为客人拉椅、铺餐巾、倒茶。铺餐巾时要注意以下几点：

① 按先女士后男士，先客人后主人的次序顺时针方向依次进行。

② 站于客人的右手边拆开餐巾，左手提起餐巾的一角，使餐巾的背面朝向自己。

③ 用右手拇指和食指捏住餐巾的另一角。

④ 采用反手铺法，即右手在前，左手在后，轻快地为客人铺上餐巾，这样可避免右手碰撞到客人身体。

案例分析

出色的领位员

马格丽特是咖啡厅的领位员。咖啡厅最近比较繁忙。这天午餐期间，马格丽特刚带几位客人入座回来，就见一位先生走了进来。

"中午好，先生。请问您贵姓？"马格丽特微笑着问道。

"你好，小姐。你不必知道我的名字。"这位先生漫不经心地回答。

"欢迎您光顾这里。不知您愿意坐在吸烟区还是非吸烟区？"马格丽特礼貌地问道。

"我不想坐在吸烟区，你们这里都有什么吃的？"客人有点不耐烦道。

"我们的头盘有一些沙律、熏鱼等，大盆菜有猪排、牛扒、鸡、鸭、海鲜等。您要感兴趣可以坐下看看菜单。您现在是否准备入座了？如果准备好了，请跟我去找一个餐位。"马格丽特说道。

这位先生看着马格丽特的倩影和整洁、漂亮的衣饰，欣然同意，跟随她走向餐桌。"不，不，我不想坐在这里。我想坐在靠窗的座位，这样可以欣赏海景。"先生指着窗边的座位对马格丽特说。

"请您先在这里坐一下。等窗边有空位了我再请您过去，好吗？"马格丽特在征求他的意见。在征得这位先生的同意后，马格丽特又问他要不要些开胃品，这位先生点头表示赞同。马格丽特对一位服务员交代了几句，便离开了这里。

当马格丽特再次出现在先生面前告诉他窗边有空位时，先生正与同桌的一位年轻女士聊得热火朝天，并示意不换座位，要赶紧点菜。马格丽特微笑着走开了。

分析：请从此案例即领位员服务的过程中，分析领位服务应具体注意哪些方面？出色的领位员该怎样练就？针对不同的客人，该如何领位？请列举几种。

（3）点菜服务。

① 服务人员待客人坐定后，将菜单和酒单递送给客人，向客人介绍开胃酒："请问，餐前喝点什么饮品？"记下每位客人所点的酒水以免送错。

② 当开胃酒服务结束后，客人已有足够的时间浏览菜单，这时服务员要主动上前询问客人是否可以点菜。如客人示意可以点菜了，服务员要主动向客人介绍推荐菜肴，同时应给予一定的时间让客人点菜，避免强行推销。

③ 客人点菜一般从主人位或主人右侧第一位主宾按逆时针方向进行，并记下点菜客人的餐位，认真记录每位客人所点菜肴及其要求，如生熟程度、口味要求、配菜调料、上菜时间等。

④ 客人点菜完毕后，服务员要复述确认，礼貌致谢后收回菜单的同时送上酒单，根据客人所点的菜肴，介绍与之相配的各种佐餐酒。

⑤ 将点菜单迅速传送至厨房和收银台。

(4) 餐中服务。

① 传菜服务。要求传菜员熟悉餐厅每一张餐桌的确切位置，熟悉每桌各餐位的编号，了解本餐厅所经营的各种菜点名称、分量、样式、配料及菜式所用器皿，把客人的点菜单交给厨师，从厨房取回客人所定的菜点，及时送到客人的面前。

当传菜员手中有几张点菜单，同时为一桌以上客人送菜时，要特别记住点菜单的先后顺序，做到先来的客人先服务，后到的客人后服务。在为同一桌不同的几位客人传菜时，要按照餐位编号——为宾客传菜，应根据客人所定主菜全部同时上桌这一服务原则。

② 上菜服务。按西餐上菜顺序进行上菜服务，上菜顺序如下。

面包、黄油及刀叉，同时给客人斟倒饮料。

汤类。通常把合适的汤勺放到餐叉边，而后可从客人左边上汤。

沙拉。在客人的左边用左手送上，吃完沙拉后，要准备上主菜，桌上所有吃沙拉用的碟子和玻璃杯都应撤走。

上副菜。上副菜后要立即把调味汁端上来，同时应斟上红葡萄酒，配菜盘的位置应放在面包盘上方，即餐叉的左上方。

上主菜。将主菜摆在靠近客人的前边，蔬菜和配菜在上端。如果客人还未吃完沙拉，应将沙拉盘移向左边，让出位置摆放主菜。如客人定了白葡萄酒，此时为宾客斟酒。

上甜点。在主菜盘撤下后，要用一块叠好的干净餐巾，把洒落在餐桌上的菜、面包屑扫进一个小盘里，同餐桌上所用过的餐具一并撤下，摆上甜点用的刀、叉、匙，送上甜点。

上水果。在上水果前应将桌面上的餐具、菜盘全部撤下，餐台上只留下花瓶、蜡烛、水杯、烟缸和牙签筒，然后把刀和叉摆放好，根据水果的品种，放上大小合适的盘子，从客人左边服务。

上咖啡或茶。客人用餐完毕，喝一些热饮料如茶、咖啡等，如果客人点的是咖啡，应将糖缸、奶壶放在餐桌上，壶把朝主宾方向，再摆上垫有杯垫的咖啡杯；客人如用红茶，应配上柠檬片和糖缸。

③ 席间服务。添加冰水、葡萄酒，撤换餐用具、烟灰缸，补充面包、黄油。

(5) 餐后结束工作。

① 餐后结账。

服务员在为客人结账前应仔细核对客人消费项目及金额。当客人示意结账时，应迅速、准确按规范进行结账服务，并向客人致谢。

西餐厅有些客人要求分单结账，因此应注意将同桌客人的分列账单记录准确。

② 送客服务。

当客人离座准备离开时，服务员要为客人拉椅，提醒客人带好随身物品，礼貌与客人道别。

③ 餐后整理。

服务员在客人离开后收拾餐台，同时检查有无安全隐患和客人遗留物品，如有及时处理。按收台的顺序进行餐台清理，更换台布，重新摆台，准备迎接下一批客人。

三、西餐服务英语对话

Waiter：Good afternoon, sir. Welcome to the Flower Restaurant. May I show you our lunch menu?　下午好，先生。欢迎光临花儿餐厅。您要午餐的菜单吗？

Guest：Thanks.　谢谢。

Waiter：Please take your time. …… May I take your order now?　请慢慢看。……您现在可以点菜了吗？

Guest：Yes, I'll have a mixed Salad and a Sirloin Steak. Which vegetables come with the steak?　是的。我要一份综合沙拉和一客沙朗牛排。牛排的配菜是什么呢？

Waiter：French fried potatoes, carrots and peas.　有炸薯条、胡萝卜以及青豌豆。

Guest：That'll be fine.　不错。

Waiter：Would you like anything to drink, sir?　先生，要不要来点饮料？

Guest：Yes, I'll have some beer with coffee to follow.　好的，我要啤酒，再来点儿咖啡。

Waiter：How would you like your steak, sir?　先生，您的牛排要几分熟？

Guest：I'll have it medium rare, please.　请给我三四分熟的。

Waiter：Would you like your coffee now or later?　咖啡要现在喝还是等会儿再喝？

Guest：Later, please.　等会儿再喝。

Waiter：A medium-rare Sirloin Steak, a mixed Salad, a glass of beer and a cup of coffee. Will there be anything else?　一份三四分熟的沙朗牛排，一份综合沙拉，一杯啤酒和一杯咖啡。还要点儿别的吗？

Guest：No, that's all, thanks.　不，就这些了，谢谢。

Waiter：Thank you, sir. Just a moment, please.　谢谢您，先生。请稍等一会儿。

四、西餐服务实战演练

1. 西餐美式服务

（1）实训目标：掌握西餐美式服务操作规范及操作要领。

（2）实训提示：美式服务以简洁、快速、方便为特点，广泛用于一般的餐厅中。

（3）实训要求

① 厨房与餐厅工作协调、配合默契。

② 服务员动作敏捷、轻盈。

③ 服务员以右手从客人的右侧将菜肴送上，以右手从客人的右侧提供饮料服务。

（4）实训程序

① 服务员首先应依据用餐客人的人数整理好餐台。

② 为客人呈送菜单，并侧身站立于客人的右侧约30cm处，为客人斟倒冰水。呈送菜单时应将菜单打开，送至客人视线前且不应遮挡住客人的脸部。

③ 根据客人所点菜肴和酒水品种，将多余的酒杯轻轻撤下，然后才可按程序提供上菜服务。

④ 从客人的左侧将面包篮呈送至客人的面前请客人自由选择，在客人的指点下，服务

员右手持面包夹或服务叉、勺，将面包夹放在客人左侧的面包盘中。

⑤ 站在客人右侧约 30cm 处，服务员要用右手将客人所点的汤送至客人面前的展示盘上。在客人用完汤后，服务员仍应以右手从客人右侧将汤撤下。

⑥ 从厨房将客人所点的主菜从客人的右侧以右手送上，注意托盘应避免碰到客人的身体，不可妨碍客人的活动。上菜时，菜盘摆放要端正，手指不可指向菜肴。菜肴的主料部分应该在靠近客人的一侧，红、绿、白配菜在盘子上方。

⑦ 服务员见到客人将刀、叉并列斜放在餐盘中，说明客人将不再享用盘中食品。服务员要主动上前，侧身站在客人的左侧 30cm 处。首先要询问客人是否允许撤去餐具，在得到客人的许可后方可撤去餐盘。撤盘时要注意动作轻稳，不可碰撞发出响声，不可将空餐盘从客人的眼前撤下，而应沿餐台面移动至客人身侧后再抬高手臂。

⑧ 甜食服务前，应将客人面前除酒杯外的餐具全部撤下，并将餐台清理干净。从客人的右侧，用右手将甜食送到客人面前。

⑨ 客人如在餐后要求上咖啡或红茶。服务员在清理了餐台后，要先将糖盅和奶罐送至餐台，然后再将咖啡从客人的右侧、以右手送至客人的面前，咖啡杯的杯把要在客人的右手侧，咖啡勺与咖啡杯把平行摆放。

⑩ 结账时，服务员应从客人的左侧将账单送上。账单正面夹放在账单夹中送至客人的面前，并轻声报出账单金额。

2. 西餐法式服务

（1）实训目标：掌握西餐法式服务操作规范及操作要领。

（2）实训提示：西餐法式服务又被称为旁式服务，法式服务中的许多菜肴是在客人餐台旁完成最后的烹饪程序的，能够烘托用餐时的隆重、豪华的氛围。

（3）实训要求

① 服务员彬彬有礼，服务周到有序。

② 服务动作优雅大方，操作卫生安全。

③ 服务员分工协作，责任明确。

（4）实训程序

① 上黄油。黄油服务是将保持冷冻状的黄油球放在黄油碟中，每碟最多放两枚黄油球。如果是小包装黄油，碟内黄油包装的下面应该向上。服务员按照女士优先的原则，依顺时针的顺序从客人的左侧以左手将黄油碟放在面包盘前约 1cm 处。

② 上面包。面包服务是将装有至少 3 种面包品种的面包篮从客人的左侧送上。服务员站在客人左侧约 30cm 处，根据客人喜好将面包夹放在客人的面包盘中。切片面包盘中的切片面包一次服务不可超过两片。法式长棍面包按 45°斜角方向切成菱形块，每块厚度不可超过 4cm。

③ 更换酒杯。法式服务的一大特点是餐酒和菜肴的搭配。服务员要根据客人所需酒水品种及时更换酒杯类型。更换酒杯时，服务员要站在客人右侧 30cm 处，以右手手指轻捏住酒杯下部或杯脚部位，每次只拿一个，防止杯具相互碰撞发出声响，干扰客人用餐的气氛。

④ 上酒。酒、菜相配合是法式服务的关键环节，因此，在为客人上菜以前，服务员首

先要为客人提供相应的餐酒服务。

⑤ 餐台制作。餐厅服务员助手把经过厨房烹制的菜肴端至餐厅服务台,由餐厅服务员在客人面前完成最后的调汁和加工,服务员的操作动作要稳健,动作准确,菜肴浇汁要均匀、洁净。

⑥ 上菜。餐厅服务员将菜肴最后制成后,餐厅服务员助手将菜从客人的右侧以右手送上餐台,上菜必须遵循女士优先、主宾优先的服务原则。

⑦ 撤餐具。当客人将餐刀和餐叉并排斜放于餐盘中时,服务员助手要马上将客人用过的餐具撤下餐台。撤餐具的方法如下:以左手食指、中指和无名指托住餐盘底部,以拇指和小指夹压住餐盘的面部,刀、叉十字交叉放在餐盘中。将第二个餐盘架放于左手腕和第一个餐盘之间,将盘中残渣拨入第一餐盘中,再将刀、叉交叉与第一副刀、叉并列于第一个餐盘中。第三个餐盘碟放在第二个餐盘上,依照第二个餐盘的收整方法,清理残渣和刀、叉。餐具的收撤必须遵循三个原则,即撤餐具时要将盘中残渣集中拨放,餐盘要叠码,餐具要分类集中。

⑧ 上奶酪。奶酪服务是法式服务中必不可缺的一个环节。上奶酪前应首先重新摆好主餐刀和主餐叉后再向客人展示奶酪的品种,供客人选择。根据客人的选择,将奶酪分块切好,一般奶酪均切成三角形。每盘分摆三四块,并可拼好咸饼干等食品。服务时按照女士优先、主宾优先的原则,依顺时针方向依次服务。同时提供相应的酒水服务。

⑨ 上甜食。将甜品叉、勺摆在客人面前,从客人右侧为其上甜食。待客人全部放下餐具后,询问客人是否可以撤下,得到允许后,将盘和餐具一同撤下。

⑩ 上餐后酒。在客人用过甜食后,服务员才可将酒水车轻推至客人餐台旁,酒水车陈列的酒品应保持酒标朝向客人的状态,以便客人选择。待客人点好酒品,服务员要及时为客人送上与酒品相配的杯具,从客人右侧送上,并提供斟酒服务。

3. 西餐俄式服务

(1) 实训目标:掌握西餐俄式服务操作规范及操作要领。

(2) 实训提示:俄式服务中厨师将客人所点菜肴烹制后盛放在大银盘中并做好适当的装饰,服务员先为客人送上热餐盘,再将大银盘送至餐台旁,按女士优先、主宾优先的原则,逐一为客人分派菜肴。所以又被称为盘式服务。

(3) 实训要求

① 俄式服务注重礼节和服务风格,餐具选用考究。

② 服务员动作优雅、敏捷。

③ 服务时从客人的左侧按顺时针方向为客人送上热餐盘,并在客人左侧依次为客人分菜。

④ 服务员在撤餐具时要从客人的右侧,按逆时针顺序逐一为客人服务。

(4) 实训程序

① 上面包和黄油。客人点好菜肴后,服务员首先要提供面包和黄油服务。上面包和黄油时,服务员应从客人的左侧,以左手送上。

② 上汤。服务员先将加热了的汤盘从客人的左侧送上,摆放在展示桌上,再将盛有热

汤的大汤斗或银质汤壶送至餐台，由服务员逐一分派。如用银质汤壶分汤则应在客人右侧逐一服务。

③ 上菜。上主菜前，服务员首先将在厨房中烹制并装摆在大银盘中的主菜端至餐厅的服务台上，再依次从客人右侧撤下汤盘，并从客人的左侧将已经加热的主菜盘逐一摆放在客人面前的展示盘中。

④ 展示菜肴。服务员左手托稳银质菜盘，向所有客人展示菜肴全貌后，右手持服务叉、勺，站在左侧 30cm 处为客人分菜。

⑤ 分菜。分派菜肴时，要灵活掌握每份菜肴的量，并注意菜肴分盘后的造型美观和配菜均匀。每次分菜动作完成后，要注意用银质菜盘接住分菜的服务叉、勺，以防止餐具上的汤汁溅落在餐台或客人的衣服上。分菜结束后，服务员应站直身体，侧身退离客人餐位，手中银质菜盘应避免从客人头顶移过。

项目十二　特色宴会服务

【项目目标】

◇ 了解邮轮船长晚宴台形设计、服务注意事项、西餐与酒水的搭配等知识。
◇ 熟练掌握邮轮船长晚宴服务程序。
◇ 了解鸡尾酒会基础知识。
◇ 熟练掌握酒会服务程序。

子项目一　邮轮船长晚宴

一、邮轮船长晚宴基础知识

大家对电影里的船长晚宴有印象吗？邮轮上，所有人盛装出席，等待船长出现再一同举杯享用美食。船长晚宴前是一场鸡尾酒会，有乐队歌手伴唱，喝着香槟跟船长合影，目睹船长及高管们的风采。晚宴享用的是西式餐点，有前菜、汤、主菜和甜点。晚宴会开放给船上乘客报名参加，不过名额有限需要提前报名。船长晚宴需着正装出席，男士通常都会身着西装、衬衫，不能穿拖鞋凉鞋，女生可穿晚礼服高跟鞋，如果没有穿普通裙装也行，要多打扮一下。

1. 邮轮船长晚宴台形设计方法

宴会的场地布置要根据宴请活动的性质、形式、主办单位的具体要求、参加活动的人数、宴会厅的形状和面积等情况来制定设计方案。然后由销售预订员画出标准比例尺的布置图，注明所有布置的细节要求。邮轮船长晚宴的台形设计方法有以下几种。

（1）"一"字形台。"一"字形台一般设在餐厅的中央位置，与餐厅两侧的距离大致相等。餐台两端留有充分的余地，以方便服务员的工作。如图3-11所示。

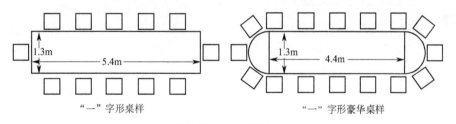

图3-11　"一"字形台

（2）"U"字形台。采用此种设计方法应注意其横向长度应比竖向长度短一些。如图3-12所示。

（3）"E"字形台。三个翼长度应一致，竖向要长于横向的长度。如图3-13所示。

（4）除了以上基本台形外，邮轮船长晚宴根据人数的多少与场地的实际状况，还设计有

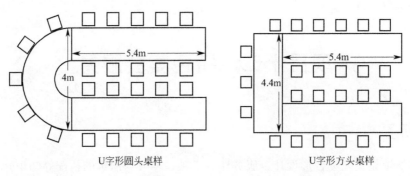

图 3-12 "U"字形台

"T"字形餐台（图 3-14）、"回"字形餐台（图 3-15）、正方形餐台、鱼骨形餐台、星形餐台、梳子形餐台、教室形餐台等。利用中餐宴会圆形餐桌布置餐台，也是邮轮船长晚宴台形设计的一种方法。

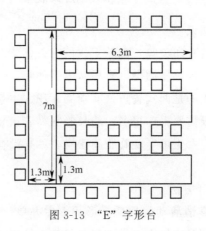

图 3-13 "E"字形台

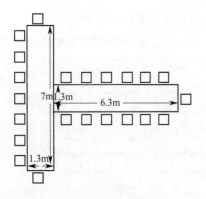

图 3-14 "T"字形餐台

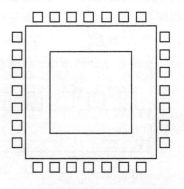

图 3-15 "回"字形餐台

2. 邮轮船长晚宴服务注意事项

（1）主宾位置的安排，台布、餐巾、酒具的摆放要严格按照规范要求进行。服务操作要求规范要记住五句话：左叉右刀，左菜右酒，左上右撤，先撤后上，先宾后主。

（2）上每一道菜之前服务员都应先将用完的前一道菜的餐具撤下。

(3) 上菜时，应先摆好与之配套的餐具。

(4) 上菜时，应先斟酒后上菜。斟好的酒杯应移至最右边，以方便客人取用。

(5) 宴会厅全场的上菜、撤盘应以主桌为准。

(6) 邮轮船长晚宴餐具讲究吃一道收一道，吃到最后餐桌上无多余物品。上点心时，连调味架一并收撤。最后上水果与咖啡。餐具收拾直接反映服务员操作水平和餐厅档次，应熟练掌握。

3. 西餐与酒水的搭配

在正式的邮轮船长晚宴里，酒水是主角，不仅它最贵，而且它与菜肴的搭配也十分严格。一般来讲，吃西餐时，每道不同的菜肴要配不同的酒水，吃一道菜便要换上一种新的酒水。邮轮船长晚宴中所上的酒水，一共可以分为餐前酒、佐餐酒、餐后酒等三种。它们各自又拥有许多具体种类。

餐前酒，别名开胃酒。显而易见，它是在开始正式用餐前饮用，或在吃开胃菜时与之配伍的。在一般情况下，人们喜欢在餐前饮用的酒水有鸡尾酒、味美思和香槟酒。

佐餐酒，又叫餐酒。毫无疑问，它是在正式用餐期间饮用的酒水。西餐里的佐餐酒均为葡萄酒，而且大多数是干葡萄酒或半干葡萄酒。

在正餐或宴会上选择佐餐酒，有一条重要的原则，即"白酒配白肉，红酒配红肉"。这里所说的白肉，即鱼肉、海鲜、鸡肉。吃这类肉时，须以白葡萄酒或玫瑰露酒搭配。这里所说的红肉，即牛肉、羊肉、猪肉。吃这类肉时，则应配以红葡萄酒。鉴于西餐菜肴里的白肉多为鱼肉，故这一说法有时又被改头换面地表述为："吃鱼喝白酒，吃肉喝红酒"。其实二者的本意完全相同，不过，此处所说的白酒、红酒，都是葡萄酒。另外，头盘选用低度、干型的白葡萄酒；汤类一般不用酒，如需要可配雪利酒或白葡萄酒；咸食选用干、酸类酒类，甜食选用甜型酒类，如甜品选用甜葡萄酒或葡萄汽酒，在难以确定时，则选用中性酒类。

餐后酒，指的是在用餐之后用以助消化的酒水。最常见的餐后酒是利口酒，它又叫香甜酒。最有名的餐后酒则是有"洋酒之王"美称的白兰地酒。

在一般情况下，饮不同的酒水，要用不同的专用酒杯。在每一位用餐者面前桌面上右边餐刀的上方，大都会横排放置着三、四只酒水杯。取用时，可依次由外侧向内侧进行。在它们之中，香槟杯、红葡萄酒杯、白葡萄酒杯以及水杯往往必不可少。

西餐不论是便餐还是宴会，十分讲究以酒配菜，并在长期的饮食实践中总结出了一套相配的规律。归纳起来就是口味清淡的菜式与香味淡雅、色泽较浅的酒品相配，深色的肉禽类菜肴与香味浓郁的酒品相配，餐前选用旨在开胃的各式酒品，餐后选用各式甜酒以助消化。

香槟酒在任何时候可配任何菜肴饮用。

二、邮轮船长晚宴服务程序

1. 宴会准备工作

(1) 台形设计与席位安排。

① 台形设计。宴会的台形设计要根据宴请活动的性质、形式、主办单位（人）的具体要求、参加宴会的人数、宴会厅的形状和面积等情况来决定。邮轮船长晚宴一般使用长台。其他类型的餐台由小型餐台拼合而成。如T形（图3-16）、U形（图3-17）、一字形、教室

形等。总的要求是美观适用。

图3-16 T形台

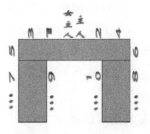
图3-17 U形台

② 席位安排。邮轮船长晚宴采用游客提前报名，按先后顺序确定桌号安排相识的客人坐在一起，设置了船长船员主桌，席位安排一般无严格的规定。

（2）了解掌握宴会情况。

① 服务员应掌握宴会通知单的内容，如宴请单位、宴请对象、宴请人数、宾主身份，宴会时间、地点、规格标准、客人的风俗习惯与禁忌等。

② 服务员要掌握宴会要求的服务方式。

（3）熟悉菜单内容。

服务员要熟悉宴会所备菜式的风味特点、主料、配料及制作方法；熟记上菜顺序和菜肴与酒水、酒杯的搭配。

（4）准备物品及摆台。

① 根据宴会规格、规模等准备工作台。

② 根据宴会通知单备足所用餐用具。

③ 按邮轮船长晚宴要求摆台。

（5）餐前服务。

① 在客人到达餐厅前10min摆开胃品放在餐桌上，一般是每人一份。在摆开胃品时应考虑其荤素、特点、口味的搭配，盘与盘之间要留出一定距离。

② 在客人到达餐厅前5min，服务员要将面包、黄油摆放在客人的面包盘和黄油碟内，每位客人的分量应一致，同时为客人斟倒好冰水或矿泉水。

③ 检查服务员的仪容仪表，重要宴会服务员要佩戴手套服务。

案例分析

有问题的餐具

某邮轮正在举行船长晚宴。突然，一位宾客发出诧异的声音，原来他的红酒杯有一道裂缝，酒顺着裂缝流到了桌子上。另一位客人用手指着眼前的小碟子让服务员看，原来小碟子上有一个缺口。其他乘客也发现许多餐用具均有不同程度的损坏，上面都有裂痕、缺口和瑕疵。他们对服务员说："这里的餐具怎么都有毛病？""这批餐具早就该换了，最近太忙还没来得及更换。您看其他桌上的餐具也有毛病。"服务员红着脸解释着。"这可不是理由啊！难道这么大的邮轮连几套像样的餐具都找不出来吗？"乘客有点火了。"您别着急，我马上给您换新的餐具。"服务员急忙改口，并更换了餐具。望着桌上精美的餐具，喝着可口的酒水，这几位宾客终于露出了笑容。分析：

(1) 该宴会服务环节存在什么问题，为什么？

(2) 餐前准备中应重视的问题有哪些？

2. 宴会迎宾工作

(1) 热情迎宾。

客人到达时要有礼貌热情地表示欢迎，并为客人送上饮料或餐前酒品，给客人送饮料前应征询宾客的意见，然后根据客人的要求送上饮料或餐前酒。

(2) 拉椅让座。

当客人到服务员服务的区域时，服务员应主动上前欢迎、问候、拉椅让座，遵循女士优先、先宾后主再一般宾客的原则，待客人坐下后为客人打开餐巾。

3. 宴会就餐工作

(1) 斟酒服务。

客人就座后，用托盘托送宴会酒水，先示意宾客选择，按先女后男、最后主人的顺序斟上佐餐酒。

(2) 上菜服务。

邮轮船长晚宴多采用美式服务。上菜顺序是：头盆、汤、副盆、主菜、甜点水果、咖啡或茶。

① 头盆。根据头盆配用的酒类，服务员从主宾开始进行斟倒。当客人用完头盆后，服务员从主宾位置开始撤盘，连同头盆刀叉一齐撤下。

② 上汤。上汤时连垫盘一起上，上汤时一般不喝酒。如安排了酒类，则先斟酒再上汤。当客人用完汤后，即可从客人右侧撤下汤盆。

③ 上副盆（鱼类）。应先斟倒好白葡萄酒，再为客人从左侧上鱼类菜肴。当客人吃完鱼类菜肴后即可从客人右侧撤下鱼盘及鱼刀、鱼叉。

④ 上主菜。上主菜前，服务员应先斟倒好红葡萄酒。主菜多采用煎、炸、烤、焖等烹调方法烹制的肉类菜肴。一般配有几样蔬菜和沙司及色拉。主菜的服务程序如下。

从客人右侧撤下装饰盘，摆上餐盘。

值台员托着餐盘从左侧为客人分派主菜和蔬菜，菜肴的主要部分应靠近客人。

另一名值台员随后从客人左侧为客人分派沙司；如配有色拉，也应从左侧为客人送上。

⑤ 上甜点。吃甜点用的餐具要根据甜点的品种而定，热甜点一般用甜点匙和中叉；冰淇淋用冰淇淋匙放在垫盘内同时端上去。吃甜点时若有讲话，此时多用香槟酒，斟香槟酒一定要在上甜点或客人讲话之前全部斟好，以方便客人举杯敬酒。

⑥ 上干酪。一般由服务员分派，用托盘托送干酪及配食的面包或饼干。吃完干酪，应撤掉餐台上的餐具，但饮具不动。

⑦ 上水果。摆好餐盘和水果刀叉,再用托盘托送分派水果;然后从客人左侧上洗手盅。

⑧ 上咖啡或茶。上咖啡或茶时,服务员应送上糖缸、奶壶。在客人的右手边放咖啡具或茶具,然后用咖啡壶或茶壶依次斟上。

4. 宴会结束工作

客人离开时,服务员要主动为客人拉椅、取递衣帽。

邮轮船长晚宴服务程序与规范

服务程序	操作规范
准备工作	(1)将水杯注入4/5的冰水,点燃蜡烛。 (2)面包要放在面包篮里并摆在桌上,黄油要放在黄油碟里。 (3)将餐厅门打开,迎宾员站在门口迎接客人。 (4)服务员站在桌旁,面向门口。
迎接客人	(1)客人进来时,要向客人问好,为客人搬椅、送椅,客人坐下后从右侧为客人铺上餐巾。 (2)在为客人斟酒前,要先打开瓶盖把酒倒出少许,先让主人尝试,经许可后再为客人斟酒,其他与斟酒服务程序相同。
餐间服务	(1)从客人的右侧为客人上菜。 (2)先给女宾和主宾上菜。 (3)客人全部放下餐具后,询问客人是否可撤盘,得到客人许可后,方从客人的右侧将盘和餐具一同撤下。 (4)清台:用托盘将面包、面包刀、黄油碟、面包篮、胡椒瓶、盐瓶全部撤下。用服务夹将台面残留物收走。
上甜食	(1)先将甜品叉、勺打开,左叉右勺。 (2)从客人的右侧为客人上甜食。 (3)待客人全部放下餐具后,询问客人什么时候可以撤下,得到允许后,将盘和餐具一同撤下。
上咖啡和茶	(1)先将糖罐、奶罐在餐台上摆好。 (2)将咖啡杯摆在客人的面前。 (3)上新鲜热咖啡和茶。
送客	拉开餐椅,提醒客人带好随身物品。站在桌旁礼貌地目送客人离开。

子项目二 鸡尾酒会服务

一、酒会基础知识

酒会,是一种经济简便与轻松活泼的招待形式。它起源于欧美,一直被沿用至今,并在人们社交活动方式中占有重要地位,常为社会团体或个人举行纪念和庆祝生日,或联络和增进感情而用。具体而言,酒会是便宴的一种形式,会上不设正餐,只是略备酒水、点心、菜肴等,而且多以冷味为主。

酒会按举行时间的不同可分为两种类别:正餐之前的酒会和正餐之后的酒会。一般习惯于将正餐之前的酒会称为鸡尾酒会,而对于正餐之后的酒会,在请帖中则常以聚会或家庭招待会代替。

1. 鸡尾酒会

鸡尾酒会是始于下午6时或6时半,持续约2小时的酒会。一般不备正餐,只备有酒水和点心。这类酒会有明确的时间限制,一般应在请帖中写明。

(1) 酒水。鸡尾酒会上的酒品分为两类,即含酒精的饮料和不含酒精的饮料。

① 含酒精的饮料。一般说来，鸡尾酒会提供的酒精饮料可以是雪利酒、香槟酒、红葡萄酒和白葡萄酒，也可提供一种混合葡萄酒，以及各种烈性酒和开胃酒。

而所谓鸡尾酒，主要由酒底（一般以蒸馏酒为主）和辅助材料（鸡蛋、冰块、糖）等两种或两种以上材料调制而成。鸡尾酒具有口味独特、色泽鲜明的特点，能够增进食欲，提神解暑。鸡尾酒调配的方式以及调配的效果如何，一要看客人的口味偏好，二则依赖主人及调酒师的手艺。

鸡尾酒的饮用方法因时令而有所不同。冬天，马提尼和掺入水和苏打的威士忌备受人们欢迎，而在夏天，饮用掺入汽水、伏特加和杜松子酒的大杯酒则是时尚之一。

② 不含酒精的饮料。鸡尾酒会上还应准备至少一种不含酒精的饮料，如番茄汁、果汁、可乐、矿泉水、姜汁、牛奶等。这些不含酒精的饮料一般可以起替代含酒精饮料和调制酒品两个作用。

（2）点心。鸡尾酒会以酒水为主，食品从简，只有一些点心和开胃菜等，这些食品一般制作精美，味道上乘。常见的食品有蛋糕、三明治和橄榄、洋蓟心、烤制小香肠，穿成串儿后再烤的小红肠、面包以及烤小青蛙腿等。

2. 餐后酒会

正餐之后的酒会通常在晚上 9 时左右开始，一般不严格限定时间的长短，客人可以根据自身情况确定告辞时间。

正餐之后的酒会一般规模较大，常常播放音乐，并准备了场地供来宾跳舞，但这要在请帖中说明。因为宾客是在用完正餐之后参加酒会，所以餐后酒会通常可以不供应食品。但若为大型或正式的酒会，则可能会安排夜餐。

尽管鸡尾酒会和正餐后酒会在请帖上会约定固定的时间，但实际上，何时到场一般可由宾客自己掌握，不一定非要准时到场。参加酒会，不必像正式宴请那样穿着正式，只要做到端庄大方、干净整洁即可。酒会上就餐采用自选方式，宾客可根据自己口味偏好去餐台和酒吧选择自己需要的点心、菜肴和酒水。酒会上，用餐者一般均须站立，没有固定的席位和座次，主人最好设置一些座位，以供年长者及疲惫者稍作休息之用。由于不设座位，酒会具有较强的流动性，宾客之间可自由组合，随意交谈。

二、酒会服务程序

1. 准备工作

根据"宴请通知单"的具体细节要求摆放台形、桌椅，准备所需各种设备，如立式麦克风、横幅等。

（1）吧台

鸡尾酒会临时设的酒吧台由酒吧服务员负责在酒会前准备好。根据通知单上的"酒水需要"栏准备各种规定的酒水、冰块、调酒用具和足够数量的玻璃杯具等。

（2）食品台

将足够数量（一般是到席人数的三倍数量）的甜品盘、小叉、小勺放在食品台的一端或两端，中间陈列小吃、菜肴。高级鸡尾酒会还准备肉车为宾客切割牛柳、火腿等。

（3）小桌、椅子

小桌摆放在餐厅四周，桌上置花瓶、餐巾纸、烟灰缸、牙签盅等物品，少量椅子靠墙放置。

（4）酒会前分工

宴会厅主管根据酒会规模配备服务人员，一般以一人服务 10 至 15 位宾客的比例配员。专人负责托送酒水，照管和托送菜点及调配鸡尾酒，提供各种饮料。

（5）了解客人

筹备酒会前，要对客人的各方面特点都有一个清晰全面的了解。如果来宾中老年人居多，那么要尽量考虑到中老年人的身体状况和特殊需求。因此，餐桌旁多放些椅子十分必要；若是来宾以年轻人为主，则这种考虑不必过多。让客人取菜方便，十分容易地找到自己想要的东西也是成功酒会的重要因素。因此要注意以下 3 点。

① 香烟可置于合适的容器中，烟灰缸应该既大又深，并将它们四处放置；

② 果仁、点心之类的食品应方便持拿，最好将其放于合适的碗或盘中，置于房间各处，以方便取用；

③ 酒水要准备充足，供应及时，尤其要注意给不饮酒的客人准备无酒精饮料。

2. 服务工作

鸡尾酒会开始后，每个岗位的服务人员都应尽自己所能为宾客提供尽善尽美的服务。

（1）负责托送酒水的服务员，用托盘托送斟好酒水的杯子，自始至终在宾客中巡回，由宾客自己选择托盘上的酒水或另外点订鸡尾酒，每杯饮料附上口纸一张。

（2）负责菜点的服务员要保证有足够数量的盘碟、勺、叉，帮助老年宾客取食，添加点心菜肴，必要时用托盘托送特色点心，负责回收小桌上的空盘、废牙签、脏口纸等并送往洗涤间。

（3）吧台服务员负责斟倒酒水和调配宾客所点鸡尾酒，在收费标准内保证供应。

3. 结束工作

宾客结账离去后，服务员负责撤掉所有的物品。余下的酒品收回酒吧存放，脏餐具送洗涤间，干净餐具送工作间，撤下台布，收起桌裙，为下一餐做好准备。

项目十三　客舱送餐服务

【项目目标】

◇ 1. 了解客舱送餐服务的内容、菜单式样和客舱送餐的订餐方式。
◇ 2. 明确客舱送餐的服务流程设计。
◇ 3. 掌握客舱送餐的服务流程和服务规程。
◇ 4. 通过实战演练，掌握不同送餐方式的服务程序。

一、客舱送餐基础知识

客舱送餐服务（Room Service）是指根据客人要求在客舱中为客人提供的餐饮服务。它是国际邮轮为方便客人、增加收入、减轻餐厅压力、体现邮轮等级而提供的服务项目。

由此可见，客舱送餐服务是国际邮轮必备的一项服务项目。送餐部通常为餐饮部下属的一个独立部门，一般提供 24 小时服务。由于服务周到，涉及环节多，人工费用高，所以产品和服务的价格一般比餐厅售价高 20%～30%。

1. 客舱送餐服务的内容

（1）饮料服务。

① 普通冷饮料。指汽水、果汁、可乐等。客人在房间内用任何一种饮料时，服务员需将饮料和杯具按客舱内实际人数备齐，在主人示意后将饮料倒入杯中。

② 普通热饮料。指咖啡、红茶、牛奶等。服务员必须将方糖、袋糖、茶匙、垫盘一同备齐，以方便客人使用。

③ 酒类。指开胃酒、烈性酒、葡萄酒、香槟酒等。对重要的客人要在客舱内配备酒水车服务。

（2）食品服务。

① 早餐。是客舱送餐服务的主要项目，主要为客人提供正式的欧陆式和美式零点早餐。

② 午晚餐。提供烹调较为简单、快捷的快餐和西餐。

③ 点心。如三明治、面包、甜点、水果等。

（3）特别服务。

① 总经理赠给 VIP 客人的花篮、水果篮、欢迎卡等，由客舱送餐部负责送入客人房间，以示对客人的欢迎。

② 送给 VIP 客人的生日礼物，如鲜花、蛋糕、礼品等，由客舱送餐部负责派人送入房内。

③ 节日送给全部或部分客人的礼品，由客舱送餐部门与客舱部相互配合共同完成。

2. 客舱送餐菜单

（1）门把手菜单。

这种客舱送餐菜单是为了方便客人而挂在门把手上的一种纸质菜单，通常适用于早餐。上面列有各种菜肴、酒水和各式套餐的名称、价格和供应时间。客人订餐时，只要简单地在菜点名称前面的小方框内打"√"，挂在门外把手上即可。菜单由送餐部夜班员工收取，再据此开出点菜单送入厨房备餐。

（2）床头柜菜单。

通常摆放在客舱的床头柜上或服务指南文件夹内，适用于午餐、晚餐和宵夜。菜单中一般列出的菜肴品种宜少而精，而且是较容易烹制以及制作速度较快的菜肴。

3. 客舱送餐的订餐方式

（1）门把手菜单预订。

（2）床头柜菜单预订。

（3）电话预订。

4. 客舱送餐服务设计

（1）送餐菜单设计

客舱送餐菜单的设计中应考虑以下因素。

① 视觉直观性。目前很多餐厅已经采用明档点菜，简单明了，避免了个别菜名让人不知所云的尴尬。保留菜单点餐的餐厅，也在菜单上做了改进，配上彩色插图，方便客人点菜。那么，客舱送餐菜单也可以借鉴一下，配上精美的插图，这些诱人的美食图片就是最好的促销宣传。

② 烹饪便捷性。大多数要求提供客舱送餐服务的客人都是追求时效的，《星级饭店访查规范》中明确规定了中餐/晚餐送餐时间控制在40min内。因此，在设计客舱送餐菜单时应充分考虑菜肴的烹饪时间。一些烹饪时间较长（超过20min），如炖、蒸类的菜肴应避免排入菜单。

③ 菜肴欣赏性。客舱送餐服务是体现国际邮轮服务水平的，因此送餐菜肴就必须注重品质。由于送餐路径较长（从餐厅到客舱区域），对于一些容易变色或改变口味的菜肴也应避免列入菜单。

（2）服务流程设计。

① 接听电话。送餐服务订餐电话必须具备来电显示功能，以便准确掌握客人的房间号码；订餐员应在电话铃响三声以内接听电话，准确记录并复述客人所点食品、酒水的种类、数量、特殊要求、客人的姓名、人数、要求的送餐时间等内容；告知客人送餐预计需要的时间；向客人道谢并等客人挂机后再挂断电话。

② 下单制作。送餐员在填写订单时应认真核对订餐的内容，以免遗漏；订餐单上要注明下单的时间，以便传菜组、厨房等环节掌握时间；厨房在接到送餐订单后，要特别注意时效及出菜的同步性，避免因某一道菜烹饪延时而导致其他已烹饪好的菜肴长时间等候温度变冷。

③ 送餐准备。送餐准备工作是否全面无遗漏，直接关系到送餐服务质量和服务效率。送餐员应根据客人所点菜品及酒水准备好用餐餐具、酒杯、开瓶器等；准备好牙签、小方巾、盐瓶、胡椒瓶及其他调味品；准备好账单、找零零钱（如客人现金支付）、签字笔（如

客人签单挂房账），提前与总台确认客人签单的权限等。

④ 客舱送餐。送餐员进房前必须先敲门、通报身份，在客人示意进房后方可进入。如遇客人着装不整，送餐员应在门外等候，等客人穿好衣服后再进房送餐；进房后应征询客人用餐位置的选择及餐具回收的时间（或留下餐具回收卡，以便客人知道回收餐具的联系方式）；退出房间前应面向客人并礼貌道别。

⑤ 餐具回收。餐具回收因跨部门合作，往往成为管理上的空白点——餐具回收不及时而导致餐具遗失或剩菜存放过久变质影响环境卫生等。因此，在餐具回收环节要注重一下细节：送餐组设立送餐餐具登记单（一式两联，餐饮、客舱各一联），列出所有送餐的房号、餐具种类、名称、餐具回收的时间等，送餐完毕后请客舱中心签收并各自留下一联。到了约定时间或客人来电收取餐具时，应及时收取餐具并核对。

（3）送餐餐车设计。

餐车的布置也是体现送餐服务品质的重要因素，应充分考虑客人用餐的舒适度和美观度。要做到：送餐推车清洁，保养良好；桌布、口布清洁，熨烫平整；摆放鲜花或装饰品；对外宾应提供西餐餐具并按西餐摆台要求摆放。

二、客舱送餐服务程序

1. 餐前准备程序与标准

服务程序	服务标准	注意事项
1. 准备餐具	所有餐具用抹布擦净。 (1)无水迹、无破损 (2)茶壶无茶碱 (3)咖啡壶干净、无味 (4)刀叉筷勺无水迹，分类摆放整齐	检查餐具
2. 餐巾准备	(1)检查餐巾、餐巾纸有无脏迹。 (2)按标准叠整齐，摆放好。	检查口布，叠好纸巾
3. 检查日常用品	(1)检查日用品种类和数量，保证种类齐全、数量充足。 (2)提前填写所需提货单。 (3)每天早餐后完成上述两项工作。	检查送餐所用的日用品
4. 送餐托盘准备	(1)托盘无破损、无水迹。 (2)垫好盘垫、数量充足。	检查托盘
5. 餐具检查	(1)咖啡杯无破损、无异物和水迹。 (2)水杯无水迹、无破损、无异物。 (3)奶罐无奶迹。 (4)各类餐具分类摆放整齐。	检查杯具
6. 干货物品检查	(1)果酱包装无破口、黄油无变质。 (2)果汁经过冷藏，并在保质期内。	检查消耗品质量

2. 送餐服务程序与标准

服务程序	服务标准	注意事项
1. 了解当天供应食品	(1)服务员了解当天供应食品情况。 (2)每天上午一次(10:30)，下午一次(2:30)。 (3)准确记录菜单上食品实际供应的变动情况，详细记录特荐食品原料、配料、味道及制作方法。 (4)将食品信息通知到餐厅每一位工作人员。	每位员工对每天厨房出品情况要有详细的了解，避免出现客人点餐后厨房无法制作的情况。

续表

服务程序	服务标准	注意事项
2. 接受客人预订	(1)电话铃响三声之内接听电话:"Good morning/Good afternoon/Good evening,room service,may I help you?" (2)聆听客人的预订要求,记录客人的订餐种类、数量、人数及特殊要求,解答客人提问。 (3)主动向客人推荐,说明客舱送餐服务项目,介绍当天推荐食品,描述食品的数量、原料、味道、辅助配料及制作方法。 (4)复述客人预订内容及要求,得到客人确认后(告诉客人等候时间,根据菜品制作时间而定),致谢。 (5)待客人将电话挂断后,方可放下听筒。	熟悉餐厅所售卖的菜品与酒水,详细记录客人订餐信息,并确认。
3. 填写订餐单并记录	(1)订单一式四联:分送厨房、冷菜间、收款台、酒吧。 (2)订餐员按照头盘、汤、主盘、甜食、咖啡和茶的用餐顺序,将客人所订食品依次填写在订单上。 (3)若客人需要特殊食品或要求,需附文字说明,连同订单一同迅速送往厨房,必要时,再向厨师长当面说明。 (4)在客餐服务记录本上记录客人订餐情况,包括:订餐客人房间号码、订餐内容、订餐时间、服务员姓名、账单号码。	对客人的特殊要求详细记录,并通知厨房。
4. 备餐摆台	(1)准备送餐用具(送餐车、托盘)和餐具。 (2)取客人所订食品和饮料,备品餐巾纸、牙签。 (3)依据客人订餐种类和数量,按规范摆台。	检查餐具,并按菜品搭配相应的餐具。
5. 送餐至客舱	(1)送餐途中,保持送餐用具平稳,避免食品或饮品溢出。 (2)食品、饮品餐具,须加盖或包保鲜膜(带汤),确保卫生。 (3)核实客人房号,敲门三下,报称:"Room Service"。	送餐途中必须使用餐盖。
6. 客舱内服务	(1)待客人开门后,问候客人,并询问是否可以进入房间,得到客人允许后进入房间,并致谢。 (2)询问客人用餐位置,"Where would you like to have it"? (3)按照客人要求放置,依据订餐类型和相应规范进行客舱内服务。	熟悉房间内服务,并对菜品作有特色的介绍。
7. 结 账	(1)双手持账单夹上端,将账单递给客人。 (2)将笔备好,手持下端,将笔递给客人。 (3)客人签完后,向客人致谢:"Thank you Sir/madam." (4)询问客人是否还有其他要求:"Is there anything else that I Can do for you?"若客人提出其他要求,尽量满足。	和客人核对结账方式,如果是现金付款要当客人面核对好现金数量。
8. 道 别	(1)请客人用餐:"Enjoy it, please"。 (2)告知客人来收餐时间,也可请客人用餐完毕后将餐具放置于房间门口,退出房间。	祝客人用餐愉快。
9. 收 餐	(1)查看订餐记录,确认房间号码。 (2)早餐为30min后打电话收餐,午、晚餐为60min后打电话收餐。 (3)问候客人,称呼客人名字并介绍自己,询问客人是否用餐完毕,服务员能否到房间收餐。 (4)服务员收餐完毕后,详细记录所收餐具情况。 (5)当客人不在房间时,请客舱服务员开门,及时将托盘、餐用具取出。 (6)若客人在房间,收餐完毕,需询问客人是否还有其他要求,并道别。	通知房务中心,请将房间外的客用餐具放置于员工通道,将收餐之后的餐具统一核对数量及是否完好。

案例分析

客舱送餐的餐具丢了

一天晚上将近19：00，509房间张先生打电话到餐厅要求客舱送餐服务，他随意点了两个菜和一碗米饭，外加一瓶啤酒。10分钟后，客舱送餐员送来客人所点菜肴和啤酒。用餐完后，客人就打开房门将餐具放在门外的地毯上。5楼服务员小王路过时发现地毯上的餐具，就顺手将餐具拿到楼层工作间，放在了柜子上面，准备过会儿带到餐饮部去。20：30分左右，客舱送餐员打电话到509房间询问是否可以来收餐具，张先生告诉他餐具已经放在门外走廊上。可是，当送餐服务员上楼后，并没有发现放在门口的餐具，于是就敲门询问张先生，张先生发现放在门外的餐具果然不见了，也着急起来，再三强调确实是放在了门口。此时，正在隔壁房间做夜床的小王听到了争执声，便走出来询问是什么事情。得知原委后，小王说："对不起，我把走廊上的餐具收起来了，就在工作间里，想等一会儿去还给餐厅。"客舱送餐员听了忙向张先生赔礼道歉，张先生说："找到就好。"分析：

（1）什么是客舱送餐服务？
（2）客舱送餐时，客舱服务员应如何和餐饮服务员配合完成送餐工作？
（3）该事件发生的主要责任者是谁？为什么？

三、客舱送餐服务英语对话

Room Service 客舱送餐服务

R＝Clerk of Room Service 客舱送餐部服务员　　G＝Guest 顾客

R：Good morning, Room Service, may I help you?　早上好，客舱送餐部。有什么能为您效劳吗？

G：I'd like to have a meal in my room.　我想在房间用早餐。

R：Certainly, sir. We offer two types of breakfast. American and continental. Which one would you prefer?　好的，先生。我们提供美式和欧式两种早餐，您喜欢哪种？

G：What does a continental breakfast have?　欧式早餐有什么呢？

R：Chilled orange juice, toast with butter, coffee or tea.　有冰冻橙汁、黄油吐司、咖啡或茶。

G：That'll be fine. I'll take it. I'd like a white coffee with two sugars, please.　好吧，我就要这个。我的咖啡要加奶精和两块糖。

R：I see. May I have your name and room number, please?　明白了。能告诉我您的姓名和房间号吗？

G：Sure. It's Jefferson Black in Room 606.　好的，是606房的杰斐逊·布莱克。

R：Let me confirm your order. Mr. Jefferson Black in Room 606, continental breakfast, white coffee with two sugars. Is that right?　让我确认一下您的订单：606房的杰斐逊·布莱克先生，要一份欧式早餐，要加奶精和两块糖的咖啡，是这样的吗？

G：Exactly. 对。

R：Your order will be ready soon，thank you for calling. 您的早餐很快就好，感谢您的来电。

四、客舱送餐服务实战演练

1. 门把手菜单订餐服务

（1）实训目标：掌握门把手菜单预订程序。

（2）实训要求：及时收集订餐信息，准确登记订餐信息。

（3）实训程序

① 值班服务员按照客舱送餐部安排到楼层收取订单。

② 收集门把手菜单时，按房间号由小到大顺序收集、排列，并注意核对房间号码。

③ 收集完毕后，再按房间号从大到小的顺序返回起点，沿途检查有无遗漏的订单，然后交给订餐员。

④ 订餐员核对服务员所记房间号码是否与客人所写房间号码一致。

⑤ 订餐员将订餐时间、房间号码、订餐内容、送餐服务员姓名等填写在订餐记录单上（一式三联），自己留存一联，其他两联分别送至厨房、酒吧等相关部门。

2. 电话订餐服务

（1）实训目标：掌握电话订餐程序。

（2）实训要求：态度热情、语调温和，登记订餐信息准确。

（3）实训程序

① 订餐员在电话铃响三声以内接听电话，必须使用服务敬语，态度热情、语调温和、音色优美、音量适中、用语准确。

② 聆听宾客预订的要求，掌握宾客订餐的种类、数量、人数和特殊要求，并及时做好记录、解答宾客的提问。

③ 主动向宾客推荐、说明客舱送餐服务的项目，介绍当天推荐的食品，描绘食品的数量、原料、味道、辅助配料及制作方法等。

④ 复述宾客预订的要求，得到宾客确认后，告诉宾客等候的时间，并致谢。

⑤ 待宾客挂上电话以后，方可放下听筒。

⑥ 开好订菜单（一式三联）。在订单上写上接听时间、订餐宾客的房间号码、订餐内容、订餐时间、送餐服务员的姓名等内容，自己留存一联，以便为宾客准备账单，其他两联分别送至厨房、酒吧等相关部门。

⑦ 若宾客需要特殊食品或有特殊要求，需附文字说明，将文字说明连同订单一同送往厨房，必要时再向厨师长当面说明。

3. 客舱送餐服务

（1）实训目标：掌握客舱送餐服务程序。

（2）实训要求：准备周全、态度热情、送餐准确、收餐及时。

（3）实训程序

① 客舱送餐服务要点

a. 早餐

客人预订早餐。客舱应配备"客舱用餐点菜单",列出主要供应品种,供客人挑选。

问清客人需求和时间。客人不管是向客舱服务员订餐还是通过电话向餐饮部订餐,都要问清客人需要什么食物或饮料,烹饪制作上有何要求等。防止同一食品因烹制方式不同引起客人不满。

按照客人要求的用餐时间,提前做好准备。如客人所需的菜点较少时,可用托盘;食物较多时,用餐车推送。如同一楼层有几位客人同时用早餐,就要准备好餐车和各种餐用具,如咖啡壶、杯、刀叉、调味品等。

厨房准备好食品饮料后,服务员用托盘或餐车将客人的食品装好,记下食品价格和客人的房号。装车时凡是几位客人同时在房间用餐时,一定要分开装,同时加盖,注意保温。

早餐送到房间,用右手敲门或按门铃,同时说明"送餐服务"。经客人允许后方可进入房间。

进房后征询客人意见,"先生/女士,您的早餐已经准备好,请问您想在房间什么地方用早餐?"然后迅速按客人要求将餐桌布置好,并进行必要的服务。

将账单夹双手递给客人,请客人签单或付现金,并向客人致谢。

询问客人收取餐具的时间,祝客人用餐愉快,礼貌地退出房间,将房门轻轻关上。

返回客舱送餐部后,送餐员要将签好的账单或现金送到收银台。

在送餐日记簿上记录送餐时间、返回时间、收取餐具时间。

b. 正餐。正餐服务程序同早餐服务基本相同,但需要注意以下几点。

客人在房间用正餐,如果是全餐服务的话,需提前1~2h订餐。服务员需提前了解客人所定的食品和饮料;开餐前准备好餐具、餐巾,用餐车连同第一道菜、汤及面包送到房间。这时要做好摆台服务,根据用餐人数摆台。

客人用餐时,未经客人允许,服务员要退出房间。1~1.5h后再来照看。若客人要求提供桌面服务,服务员可留下并按照餐厅服务方法提供服务。

客人用餐1~1.5h左右,送上点心、水果或冰淇淋。食品和饮料的品种数量都根据客人订餐而定。

最后给客人送咖啡或茶。过20min左右,服务员到客舱收拾餐桌,同时整理房间,保持房间清洁整齐。

正餐服务后的账单,一般在收拾整理房间时征求客人意见,向客人表示感谢。然后出示账单请客人过目付款或签字。账单和账款要及时送到餐厅收款处。

② 客舱送餐服务注意事项

接到客人送餐服务信息时,要准确、快速记录客人要求,并准确复述客人姓名、食物、数量及特殊要求。

送餐员要熟记菜单的内容,以便给客人介绍并对客人的疑问做出回答。

送餐员收取餐具时应注意卫生并及时检查有无缺损,无法找回的餐具要上报,及时把餐具送到洗碗间洗涤、消毒。

4. 送 VIP 客人水果篮

(1) 实训目标:掌握送 VIP 客人水果篮服务程序。

(2) 实训要求：认真准备、提前送达、仔细检查。
(3) 实训程序

工作流程	操作细则	注意事项
1. 准 备	(1)每天早班从前台取回 VIP 报表，了解客人人数。 (2)通知厨房准备。 (3)准备刀、叉、餐巾、甜食盘。	了解当天需布置欢迎水果的信息
2. 送至房间	(1)提前 20min 到达房间，并重新确认房间号码。 (2)将水果篮摆放在指定位置，放置刀、叉及餐巾。	提前仔细布置完毕
3. 检 查	(1)确保水果新鲜、洁净。 (2)确认所有餐具和食品摆放合理、正确。	检查水果的新鲜度

项目十四　中餐服务

【项目目标】

◇ 了解中餐零点服务、中餐宴会服务的基础知识。
◇ 熟练掌握中餐零点服务的服务流程和服务规范。
◇ 熟练掌握中餐宴会服务的服务流程和服务规范。
◇ 达到中餐服务接待娴熟、运用自如、处理灵活。

子项目一　中餐零点服务

随着邮轮服务的健全与发展，很多邮轮航线上丰富了餐饮的内容，从原先以西餐自助为主的餐饮模式扩展到中西餐合璧，为游客，尤其是中国游客提供了花样繁多、可口的餐饮种类及独到的餐饮服务。

案例导入

在一艘邮轮上，张先生第二次光临零点餐厅，服务员小李热情迎接，对张先生微笑问候，并说道："先生，欢迎您来就餐，请问您还是坐在昨天的老位置上吗？"张先生一点头便被引导至熟悉的座位上；这时小李又拿出零点菜单："先生您昨天在我们餐厅用餐，您对我们菜品的口味和服务还满意吗？"张先生也微笑地点了点头，小李接着说："您昨天点了一份炒饭，今天您可以换换口味，再尝尝我们餐厅最有特色的云吞面，不知道您是否愿意呢？"张先生听后又开心地点了点头。张先生用餐后对服务员说："你们的热情和贴心，让我享受了一次非常完美的服务。"

零点服务是餐饮服务中最普遍、最常见的一种服务，它在整个餐厅服务工作中占很大比例。其具体服务是餐厅服务员按照客人意愿为其点餐并主动向客人介绍菜品、饮料，为客人提供上菜、结账等服务工作的完整流程。

邮轮上中餐零点服务的主要任务是接待零星客人就餐。首先，宾客就餐时间具有随意性，宾客进餐厅时间，不是随着营业时间而产生规律，而是根据客人自身需求，随时进入餐厅用餐，有些就餐时间还比较长，基于此种状况，餐厅服务员应自始至终保持良好的态度投入工作，无论宾客何时进餐厅，我们都应主动热情地接待好每一位宾客。其次，由于邮轮上的宾客来自四面八方，不同地区、民族、国家的客人具有口味、生活习惯、就餐目的不同的特点，餐厅服务员服务时，在突出热情、周到、细致、体贴的同时，还要做到迅速、快捷而不紊乱。另外，在邮轮上，宾客一般会比较注重个性化服务，对用餐设施、环境有选择性。因此，零点餐厅要提供优等的食品、优质的服务和优美的环境。

一、邮轮中餐零点服务内涵

1. 规范化服务是前提

规范化服务是指按照工作流程、不出差错地为客人进行服务。即按照规章制度去完成定额的子项目。规范化服务是一切服务工作的基础,其优点是服务有章可循,只有规范化的服务流程才能使客人享受的服务质量不会由于服务人员变化和时间的变化而下降。

然而,就是规范化服务,各邮轮航线餐厅中也不尽相同,例如国际邮轮餐厅与国内邮轮餐厅在服务流程上会有差异,导致客人享受服务水平不同。所以,衡量制定科学、完善的服务流程,从专业技能、礼仪规范等诸多方面下足工夫是规范化服务的改进方向,例如知道礼节,在走路、上楼梯和下楼梯时对待不同年龄、性别的人应处在客人不同的位置以保证服务准确得体;了解菜品的价位及配料,能够准确地回答点餐客人的问题等。

2. 环境设施特色服务是基础

邮轮的环境设施要根据游客休闲、度假的特点,对大堂、客房、餐厅等场所有较为严格的要求,使客人身在其中能够舒适、自然。在软件服务方面,工作人员提供的服务非常重要,例如在客人用餐前做好各种餐前准备,保证就餐环境的干净、卫生和优雅。在座位的安排上,有客人携带儿童进入零点餐厅,势必希望服务人员能够主动询问是否需要餐椅,座位安排相对宽敞、舒适,陪伴老年人的客人大多希望餐厅提供通道更为方便的座位,年轻人对邮轮带来的海景更为憧憬,希望就餐能够与环境结合起来等,这些都需要服务人员在了解环境设施的基础上开展特色的服务,使客人能够度过难忘的邮轮之旅。

3. 开展精细化服务是特色

精细化服务彰显邮轮品位和档次。精细化服务是注重服务的细节,从客人需求出发,将邮轮餐饮服务质量细节化。在规范化服务水平相当的前提下,精细化服务是否到位成为邮轮水平的直接体现。麦当劳、肯德基之所以在全球都能拥有良好的市场正是得益于其服务的精细化,其各种食品做好后超出规定时间就不允许卖给顾客,正是这些细节才能得到顾客的极大信任和支持。

邮轮,作为海上的家外之家更是如此,精细化服务的落实反映出的是其整体水平和素质,例如零点餐厅对于重复光顾的客人能够迅速反应其姓名、职务,在重要宾客到达之前,能够由专门工作人员负责接待;在邮轮方便的位置可以摆放行程安排、零点菜单、推荐菜品等;餐桌上餐具的摆放应让客人方便拿取,各种杯子应放在每一个客人自己的用餐区域,不与他人的混淆;精细化服务还要求餐厅服务员有训练有素的快速和机敏,做到在服务中要求的"眼观六路、耳听八方"。另外,在路滑或台阶的位置摆放提示牌,避免因不慎导致的受伤。

一些小小的举动,一个小小的提示,都有可能为客人提供很大的方便,事实上,邮轮中尤其是餐厅中精细化服务所涉及的内容非常广泛,也正是这些细节铸就了邮轮餐厅的经营模式,形成了其特有的文化。

4. 实现亲情化服务是提升

亲情化服务是邮轮服务的软件标准，主要集中体现在服务人员的态度、语言、行动中，良好的硬件设施只有在亲情服务中才能被充分利用，才能更好地获得客人的认可。

亲情化服务一要做到语言得体：在邮轮零点餐厅里，客人需要点餐时，服务人员主动上前招呼，微笑服务，让客人觉得见到亲人般放松。

二要做到了解情况：可以根据宾客的具体情况和喜好为其推荐菜品，了解客人对零点价位的心理预期，以免引起尴尬。如果有条件，应把客人的生活习惯、喜好等通过建立客史档案记录下来，为客人提供更长久的服务。

三要做到细心周到：为客人提供适合其口味的餐厅用餐，了解客人的宗教信仰；对于有所忌口的宾客应给予特殊餐饮服务；对于行动不方便的宾客应该准备轮椅，定期清理轮椅通道，并安排相关人员给予贴心周到的服务；对于需要按时用药的客人，为其另外准备一杯温水。

亲情化服务就是从客人便利、安全、舒适的需求出发，关键在于服务人员拥有一颗理解顾客的心，时时用心关注客人的生活和活动细节，使邮轮零点服务充满温暖。

二、中餐零点餐厅岗位职责

1. 经理岗位职责

(1) 负责检查员工出勤状况及仪表整洁状况，合理安排人员。

(2) 检查餐前的准备工作，发现短缺和不足立即调整补充。

(3) 督导员工接待过程中的服务态度、礼仪站姿、工作效率，指导员工相互之间的配合。

(4) 负责检查员工收台工作是否符合标准，巡视地面清洁状况、餐具卫生状况、餐厅摆设状况等。

(5) 评点当天员工的工作表现等并做记录，作为建议表扬或者批评的凭据。

(6) 认真努力提高个人业务水平，搞好所属员工的培训工作。

(7) 负责处理突发事件和投诉，并及时向上级汇报。

2. 领班岗位职责

(1) 负责执行规章制度和工作标准。

(2) 负责餐前、餐中、餐后的检查和记录。

(3) 现场指导员工，注意餐厅动态，如有贵宾要亲自上台服务，确保服务高水准。

(4) 熟悉宴会、包席的单位人数、标准、进餐时间、上菜顺序、所选饮料酒水，以及加菜和收费标准等详细内容。

(5) 熟悉菜式特色和制作程序，掌握销售技能，主动推销。

(6) 领班之间要相互沟通、协作、支持，收集客人的意见，及时向上级汇报。

3. 迎宾员岗位职责

(1) 仪表端庄，着装整洁；礼貌迎送，落落大方。

(2) 热情引导客人入座，呈递菜谱，妥善解决客人询问。

(3) 对客人态度热情亲切，不分高低贵贱，照顾残疾客人，熟悉常客及贵宾的姓名。

（4）客源高峰期要积极想办法让客人尽快就座，对早到或迟到的客人主动热情安排就席、就餐。

4. 值台员岗位职责

（1）服从安排，准时到岗，仪表整洁。

（2）检查餐前的佐料、餐具、用具是否齐备，摆放要符合规范，有不对处及时改正。

（3）热情礼貌待客，微笑迎客，拉椅让座，及时上茶。

（4）服务间隙在安排位置上站立，站姿标准，不得聚集闲聊、大声喧哗。

（5）在台边要适时询问客人的需要，及时提供。

（6）热情向宾客介绍菜式，根据宾客的需求及时主动推销。

（7）负责保持片区的清洁卫生，发现有不干净处立即处理。

5. 传菜员岗位职责

（1）主动配合楼面工作，落单迅速，传菜及时。

（2）在营业前做好各种菜式配料及传菜用具的准备。

（3）按照出菜顺序要求上菜，并在菜单上挑勾，做好上菜记录。

（4）协助撤换已用餐具，收空饮料瓶。

（5）不得擅自离岗，扎堆闲聊开玩笑。

（6）仪表整洁，保持所负责地段的卫生清洁。

6. 收银员岗位职责

（1）做好营业前的一切准备工作。

（2）遵守财务制度，按规定做好报表，按时上交所收款项。

（3）报送餐饮结账及时，签转账单及时。

（4）熟悉业务流程，掌握结账方法和程序。

（5）保存所有账单，并交核查人员以备核查。

（6）仪表整洁，搞好负责地段的清洁卫生。

7. 酒水员岗位职责

（1）熟悉各种酒的产地、度数、香型、特色及价格。

（2）餐前备齐各种酒水及用具。

（3）负责酒吧、冰柜、仓库的整洁，保持冰柜的温度，有偏差及时调节。

（4）账物相符，不弄虚作假，每天核单。

（5）坚守岗位，不得让闲杂人等进入酒吧房重地。

（6）仪表整洁，协助餐后清理工作，保持所负责地段的清洁卫生。

8. 营业员岗位职责

（1）仪表整洁、准时到岗、服从安排。

（2）熟悉餐饮的成本核算以及基本烹调方法。

（3）掌握菜单的菜式搭配，出菜顺序，了解季节性和有特色的菜式，以及当天供应的品种，以助于促销。

（4）掌握茶、酒水、菜品、饮料、水果、烟的价格。

(5) 负责点菜单的分单下厨。

三、中餐零点服务程序

1. 餐前准备

邮轮零点餐厅服务员应做好环境准备、物品准备、人员及服务准备和心理准备。

（1）环境准备

保持邮轮上地毯或地板的干净、整洁；保证餐桌椅无油腻、水迹，桌腿、椅背、椅腿擦净，并检查有无松动、坏损，若有应及时修补；整个餐厅应窗明几净，整洁明亮，为客人提供良好的就餐视野；要坚持对工作台的打扫，做到干燥、清洁、无灰尘、油污。除此之外，对于就餐环境的渲染，可以调好室内灯光，摆好屏风、装饰物等。

（2）物品准备

检查餐桌上的餐具、杯具是否符合摆台要求，不放过任何一个细节，包括餐碟、味碟、小汤碗、小汤匙、筷子、台布、餐巾、小毛巾、花瓶、调料壶、牙签筒、烟灰缸、洗手盅等并检查摆台质量。注意茶及茶具准备。

（3）人员及服务准备

① 服务人员须按要求着装，按时到岗，以最佳的心理和精神状态投入到自己的服务角色中。

② 服务员要掌握客源情况，了解客人的预订情况，针对客人要求和人数安排餐桌。掌握 VIP 情况，做好充分的准备，以确保接待规格和服务的顺利进行。了解客源增减变化规律和各种菜点的点菜频率，以便有针对性地做好推销工作，既可满足客人需求，又可增加菜点销售。

③ 了解菜单情况，了解餐厅当日所供菜点的品种、数量、价格，掌握所有菜点的构成、制作方法、制作时间和风味特点。熟悉新增时令菜或特色菜等。

④ 分配工作区域，明确服务子项目。

（4）心理准备

在接待服务中，餐厅服务员要做好应酬各种情况的心理准备。来餐厅用餐各种各样的人都有，由于他们年龄、职业、身份、地区、性别、国籍不同，因此用餐目的、标准及要求也各不相同，餐厅服务员要有充足的心理准备，对顾客的眼神、表情、举止、动作要善于观察和判断。例如聚餐的客人需要愉快的环境，残疾客人需要受人尊重。耐心服务方能体贴入微。

2. 迎接客人

（1）在客人走近餐厅约 3m 时，应面带微笑注视客人；约 1.5m 时，热情问候客人，对熟悉的客人宜用姓氏打招呼。当男女宾客一起走进来，应先问候女宾，再问候男宾。

（2）征得同意后主动接过客人的衣帽，并放置保管好。

（3）问清客人有几位，是否有预订，对已预订的客人，要迅速查阅预订单或预定记录，将客人引到其所订的餐桌。如客人没有预订，应根据客人到达的人数，客人喜好、年龄、身份等情况安排合适的餐桌。

（4）迎领客人应注意"迎客走在前，送客走在后，客过要让道，同走不抢道"的基本礼仪。引领时应在宾客左前方 1m 左右的距离行走，并不时回头示意宾客。

（5）主动请宾客入座，按照先主宾后主人，先女宾后男宾，先年长者后年轻者的顺序拉椅让座。

（6）客人入座后，值台服务员应及时递送香巾、茶水，并礼貌地招呼客人使用。递送时按顺时针方向从右到左进行，递送香巾要使用毛巾夹；端茶时要轻拿轻放，切忌用手指触及杯口。

（7）当餐厅内暂无空位时，要向宾客表示歉意，并询问宾客是否愿意等候。如果客人表示可以等候，应让客人到休息室或想法设椅让客人暂坐等候；如果客人无意等候，应热情相送，并欢迎再来。

3. 点菜服务

（1）客人入座后，服务员要立即递上干净、无污损的菜单。菜单应双手递送到客人面前，并说："请您点菜。"不可将菜单往桌上一扔或是随便塞给客人。如果男女客人在一起时，应将菜单先给女士；如多人一起用餐时，应将菜单递给主宾。

（2）客人考虑点菜时，服务员不要以不耐烦的语气或举动来催促，应耐心等候，让客人有充足的时间选择菜肴。

（3）为客人点菜时，应准备好纸和笔，微笑站立在客人一侧，认真记录客人点的每一道菜和饮料，点菜结束后要复述一遍，杜绝差错。

（4）同客人说话时，要热情亲切，面带微笑，有问必答。当客人犹豫不定征求服务员意见时，应视时间、客人人数、大致身份、就餐目的等具体情况，善解人意地为客人推荐合适的菜肴，并注意观察揣摩客人的心情和反应，不要勉强或硬性推荐。讲究说话方式，例如不要讲"这个菜你吃不吃？""这个菜很贵的"等让人感到不愉快的话语，真正为客人当好参谋。

（5）了解每日菜肴供应情况，如果客人点的菜当日没有现货供应时，要礼貌致歉，求得宾客谅解，并向客人建议点其他类似的菜肴，防止出现客人连点几道菜均无货可供的尴尬局面。

4. 上菜服务

（1）餐厅服务要讲究效率，缩短客人的等候时间，一般客人点菜以后 10min 内凉菜要上齐，热菜不超过 20min。传菜时必须使用托盘，热菜必须热上，凉菜必须凉上。

（2）服务员对厨师做出的菜肴要做到"五不取"，即数量不足不取；温度不够不取；颜色不正不取；配料、调料不齐不取；器皿不洁、破损和不合乎规格不取。

（3）服务员要做到"三轻"，即走路轻、说话轻、操作轻。传菜时要做到端平走稳、汤汁不洒、忙而不乱，上菜和撤菜动作要干净利落，做到轻、准、平、稳，不推、拉餐盘。

（4）上菜时要选择合适的位置，宜在陪坐之间进行，不要在主宾和主人之间操作。同时报上菜名，必要时简要介绍菜肴的特色典故、风味、食用方法特点等。

（5）如菜肴较多，一般在一道菜用过 1/3 以后，再开始上下一道菜。每上一道菜，须将前一道菜移至副主人一侧，将新菜放在主宾、主人面前，以示尊重。菜上齐后，应礼貌告诉客人："菜已上齐，请慢用。"

5. 席间服务

（1）席间服务中，服务员要做到"四勤"，即眼勤、嘴勤、手勤、腿勤。眼勤指善于关注宾客，通过细心观察发现问题；嘴勤指热情有礼，问好和礼貌接待的语言不离口，有问必答，不厌其烦；手勤指操作娴熟，得心应手，干脆利索，不拖泥带水，不计较分内分外；腿勤就是要在服务区域内经常走动服务，以便及时发现和处理问题。

（2）工作中要注意仪态，多人站立时，应站在适当的位置排列成行。

（3）服务操作要按照规范要求，斟酒水在客人的右侧进行，上菜、派菜从客人左侧进行，撤盘从客人右侧进行。服务顺序是先主宾后主人，先女宾后男宾，先主要宾客后一般宾客。如果是一个人服务，可先从主宾开始，按顺时针的顺序逐次服务；如果是两名服务员同时服务，应一个从主宾开始，另一个从副主宾开始，依次绕台服务。

（4）为客人斟酒时，要先征得宾客的同意，讲究规格和操作程序。凡是客人点用的酒水，开瓶前，服务员应左手托瓶底，右手扶瓶颈，商标朝向主人，请其辨认核对选酒有无差错，表现了对客人的尊重，也证明商品质量的可靠。

（5）斟酒量的多少，要根据酒的类别和要求进行。斟酒时手指不要触摸酒杯杯口，倒香槟或其他冰镇酒类，要使用餐巾包好酒瓶再倒，以免酒水喷洒或滴落到宾客身上。

（6）派菜由服务员左手垫上布将热菜盘托起，右手使用派菜用的叉、匙，依次将热菜分派给宾客。派菜要掌握好数量，做到分派均匀，要做到一勺准，不允许把一勺菜分给两位宾客，更不允许从宾客的盘中往外拨菜。

（7）撤换餐具时要注意：当客人用过一种酒，又要用另一种酒时，须更换酒具；装过鱼的餐具，再上其他类型菜时须更换；吃甜菜、甜汤之前须更换餐具；风味独特、调味特别的菜肴，要更换餐具；芡汁各异、味道有别的菜肴，要更换餐具；骨碟内骨渣超过三块时，须更换骨碟。

（8）更换餐具时，如果客人正在使用应稍等片刻或轻声询问，更换时动作要轻，不要将汤汁洒在客人身上。

（9）撤菜要征求宾客的意见，撤盘一次不宜太多，以免发生意外。不要当着宾客的面处理餐盘内的残物或把餐具堆起很高再撤掉。

（10）上点心水果之前，要将餐台上用过的餐具撤掉，只留下花瓶、水杯、烟缸和牙签筒。水果用完后，可撤掉水果盘，在餐桌上摆好鲜花，表示用餐结束。

（11）就餐过程中如有客人的电话，服务员应走到客人身边，轻声告诉客人，不可图省事而在远处高声呼唤。

6. 结账服务

（1）客人用餐完毕要求结账时，服务员应立即核实账单，账单无误后放在收款盘里或收款夹内，账单正面朝下，反面朝上，送至宾客面前，请客人过目。

（2）当客人要直接向收款员结账，应客气地告诉客人账台的位置，并用手势示意。

（3）如果是住店客人签字，服务员要立即送上笔，同时有礼貌地请宾客出示欢迎卡或房间钥匙。核实邮轮房卡或钥匙时，检查要认真，过目要迅速，并向客人表示感谢。

（4）客人起身离去时，应及时为客人拉开座椅，并注意观察和提醒客人不要遗忘随身物品。

（5）服务员要礼送客人至餐厅门口，向客人礼貌道别，可说"再见""欢迎您再来"等，目送客人离去。

中餐零点服务程序与标准

服务程序	服务步骤	服务标准	服务用语
迎客入座	1. 迎接宾客	面带微笑，主动上前迎接，礼貌问候	您好！欢迎光临！
	2. 询问预定或进餐人数	微笑注视客人，礼貌询问	请问您有预定吗？ 请问您几位客人？
	3. 引领至适当或预定的餐台旁	走在宾客左前方1.5m处，并用手示意	请您这边走 请跟我来
	4. 拉椅让座	双手轻拖椅背，右手请坐，用左膝盖轻抵椅子背往前送	您请坐
	5. 增撤餐位	根据宾客人数，增撤餐椅，调整台面，使用托盘增撤餐具，轻动作，操作快，符合卫生	请问先生总共有多少位？
点菜	1. 递送菜单	将菜谱打开，从宾客的右侧呈递给女宾或主宾	这是我们的菜单，请您过目
	2. 协助点菜	推荐菜品或酒水 点完单向客人重复后确认下单	××是我们店的特色菜，几乎每个到店客人都会品尝，您也可以尝一尝
	3. 核单送单	核对输入菜品，确保输入内容与点菜单（卡）完全一致后再传送单据	您稍等！很快为您上菜！
	4. 打单	厨部、传菜部等处分别做好配菜、划菜工作	
客人入座后服务	1. 落席巾	帮助客人将口布平铺在宾客的膝盖上，落巾抽筷同时进行	帮您收下筷套 帮您铺下餐巾
	2. 撤筷套	撤筷套，筷子放在筷架上	
	3. 备齐酒具及相关物品	根据酒水品种备齐相应的酒杯、冰块、醒酒器及开酒器	先生（小姐）这是您点的酒水请确认，请问可以为您开启了吗？
	4. 示瓶	擦干净酒瓶，酒水须经宾客同意后才能开启	
就餐中服务	1. 核实菜单	菜传至落台，向服务员做好交代，查看菜单、核实有无此菜	
	2. 调整台面	根据盛器形状、大小腾出放菜的位置	这是××菜，它的特点是×××，请慢用！
	3. 上菜报名	报菜名并介绍其特点	
	4. 勾单	上菜后要及时勾单，以示上菜	
	5. 撤茶杯	征得宾客同意后撤下茶杯	请问这茶还喝吗？我可以把茶撤了吗？
	6. 掌握上菜	按先冷后热、先荤后素、先咸后甜、先优质后一般的原则上菜，随时查看菜单	先生（小姐）你们的菜已经上齐了，请慢用！

续表

服务程序	服务步骤	服务标准	服务用语
收银服务	1. 结账准备	客人叫买单应立即回答 查菜单看菜是否上齐并跟踪落实并做出处理,对剩余酒水征询意见做退酒处理,品种、数量当面点清	好的,请稍等!这酒不需要了吗?我可以把酒退了吗?
	2. 通知银台	准确掌握结账的台号,拿消费单通知收银台结账	
	3. 核对账单	收银员核实账单,迅速结算总数,在结算准确无误后把账单交给服务员;所有的原始单据应附于结账单后	
	4. 送上账单	接到账单,服务员核对账单的内容,如有不对,立即找收银员查实,将账页放在收银夹,从宾客的右手边,双手送上打开收银夹,指明总额	先生(小姐),这是您的账单!
	5. 确认收款方式	付现金或是挂房账	先生(小姐),您的房间号是×××,挂在房账上可以吗?没有问题就请您签字,谢谢!
送客服务	1. 拉椅子	宾客起身离席,服务员应为宾客拉椅,留出退席通道,提醒宾客带好随身物品	请各位带好随身物品
	2. 征询意见	主动向客人征询意见,对客人提出的意见表示诚挚的谢意	先生/小姐,您提的意见很宝贵!我们一定认真改进,谢谢!
	3. 送客	引领客人离开餐厅	请慢走!欢迎再次光临!
清理现场	1. 收撤餐具	将餐具分类整理,便于清洗	
	2. 重新摆台	重新摆台至可以迎接下一批客人	

四、中餐零点服务英语对话

1. Do you have a reservation?　您预订了吗?

2. How many persons, please?　您一共有几位?

3. Would you like to sit by the window or near the doorway?　您想靠窗坐还是靠门口坐?

4. Would you follow me, please?　请随我来,好吗?

5. This way, please.　这边请。

6. Will this table be all right?　这张桌子可以吗?

7. Here's the menu. Please take your time. The waiter will come for your order when you are ready.　这是菜单,请慢慢点菜。等你们决定下来了,服务员就会过来。

8. Are you ready to order now?　您现在点菜吗?

9. What would you like to have, sir?　您想吃点儿什么?

10. Anything else?　还要点儿别的吗?

11. I would suggest that you order…　我建议您点……

12. I can recommend roast duck to you. It is very delicious.　我向您推荐烤鸭,味道特别鲜美。

13. Perhaps you might like… 也许您可以尝一尝……

14. May I suggest…? It's very tasty. 我建议您尝尝……，味道很不错。

15. I'm sure you'll enjoy it. 我保证您会喜欢的。

16. How would you like it? 您想怎么吃？

17. What tea would you like, green tea, black tea or jasmine tea? 您想喝什么茶，绿茶、红茶还是花茶？

18. Do you like your tea strong or weak? 您要浓茶还是淡茶？

19. If you want more dishes, you can order during the meal. 如果您还需要别的菜，还可以边吃边点。

20. This is what you have ordered. 这是您点的菜。

21. Enjoy your food. 请慢用。

22. Would you like anything else? 你还要别的什么吗？

23. Would you like to sign for that? 请您签单。

24. Would you like to put it on your room bill? 您希望把费用打入您的住店总账吗？

25. Could you sign here, please? 请在这儿签字。

26. I'll need your signature and room number, please. 我需要您的签字和房间号。

27. May I also have your room number, please? 我可以问一下您的房间号吗？

28. Could you please put down your room number as well? 请将您的房间号也写上，好吗？

29. Have you found everything satisfactory? 您还都满意吗？

30. Thanks for coming. 感谢惠顾。

31. We look forward to your coming again. 期待着您再次光临。

32. We are glad you have had an enjoyable meal. Welcome to our restaurant again next time. 我们很高兴您用餐愉快。欢迎下次再来我们餐厅用餐。

33. Have a nice evening. 祝您今晚愉快。

34. Good night. 晚安。

子项目二　中餐宴会服务

一、宴会分类和特点

1. 宴会分类

宴会是指宾、主之间为了表示欢迎、祝贺、答谢、喜庆等目的而举行的一种隆重、正式的餐饮活动，是社交与饮食结合的一种形式。人们通过宴会，不仅获得饮食艺术的享受，而且可增进人际间的交往。宴会的种类有很多，按内容和形式分类，可分为中餐宴会、西餐宴会、冷餐酒会、鸡尾酒会、茶话会等；按进餐标准和服务水平分类，可分为高档宴会、中档宴会、一般（普通）宴会等；按进餐形式分类，可分为立餐宴会、坐餐宴会、坐餐和立餐混合式宴会等；按礼仪分类，可分为欢迎宴会、答谢宴会、告别宴会等；按主办人身份分类，可分为国宴、正式宴会、非正式宴会（便宴）、家庭宴会等；按其规模大小（出席者的人数多少）分类，可分为大型宴会（200人以上）、中型宴会（100~200人）、小型宴会（100人以下）等；按菜肴特点分类，可分为海鲜宴、燕窝宴、野味宴、全羊席、满汉全席、火锅宴、饺子宴、素席等。

2. 宴会特点

(1) 宴会具有预先性和计划性。

宴会是据主办人要求，一般是有计划、有组织、有安排，规模和规格是预先确定的。

(2) 菜肴有一定的数量和质量的要求。

宴会不同于日常便饭、大众快餐、零餐点菜，要求宴会环境优美，礼仪程序井然，席面设计考究，菜点组合协调，烹饪制作精良，餐具精致整齐，保持祥和、欢快、轻松的气氛，给人以美的享受。同时，还要考虑因时配菜、因需配菜，尊重宾主的民族习惯、宗教信仰、身体状况和嗜好忌讳等。

(3) 接待服务讲究，有规定的仪式和礼节。

宴会礼仪是赴宴者之间互相尊重的一种礼节仪式，其内容广泛，如要求酒菜丰盛、仪典庄重、场面宏大、气氛热烈；讲究仪容的修饰、衣冠的整洁、表情的谦恭、谈吐的文雅、气氛的融洽、相处的真诚；以及餐室布置、台面点缀、上菜程序、菜品命名、嘘寒问暖、尊老爱幼等。

二、中餐宴会服务程序

中餐宴会是按中国传统举办的一种宴会形式。中餐宴会根据中国的饮食习惯，吃中国菜点，喝中国酒水，用中国餐具，行中国传统礼节。中餐宴会对服务有着较高的要求，基本分为四个环节：宴会前组织准备工作、宴会前迎宾工作、宴会中的就餐服务和宴会结束工作。

1. 受理客人宴会预订

宴会预订一般分为客人直接预订和电话预定两种情况。直接预订是宴会预订较为有效、实用的方式。在宴会规模较大、宴会出席者的身份较高或宴会标准较高的情况下，宴会举办单位或个人一般都要求当面洽谈，直接预订。电话预订是另一种较为有效的宴会预订方式，常用于小型宴会的预订、查询宴会资料、核实宴会细节等，在邮轮的常客中尤为多见。

除上述两种主要的宴会预订方式外，客人还可通过信函、传真等方式来进行。

(1) 掌握与餐饮服务有关的资料

熟悉会议室、多功能宴会厅的面积、布局、接待能力及各项设施设备的使用功能情况；掌握各式宴会菜单的价格和特色，掌握各类食物、饮料的成本；掌握餐饮部根据淡、旺季、新老客户等不同条件下制定的销售策略，熟悉部门的销售制度；熟悉各种不同类型的宴会、会议、展览、展销的服务标准和布置摆设的要求；掌握客房销售价格，一般的工程技术标准和卫生安全条例；准备完成、充足的销售宣传资料；建立完成、详尽的客人档案，定期查阅客人的有关资料，熟悉客人的消费时间、消费内容和服务要求。

(2) 掌握预订情况

每天要查阅"宴会预订记录簿"和上一周已作出安排的所有工作记录。如发现客人对有关安排作出取消、调整、补充等建议或决定，要及时向上一级主管汇报，并根据场地的安排情况和有关宴会条例为客人跟办具体的工作。要基本掌握未来半年内的预订情况，对已作预订的大型活动、重要客户或重要节假日预订的情况要了如指掌。

(3) 受理预订

① 接受客人来电或来访预订。在电话铃响三声以内接听电话，首先礼貌地向客人问好，然后通报所在部门和接听者的名字。如客人来访，需站立相迎，礼貌地向客人问好。要主动询问客人的要求，了解包括：宴会的类型，是中餐宴会，还是西餐宴会，或是冷餐酒会。宴会的举办日期和时间。宴会的出席人数（包括最低保证人数）和餐桌数。宴会的名称、性质和客人身份等。宴会的举办单位或个人、联络人、联络地址和电话号码等。计划安排的宴会厅名称，厅堂布置和台形设计的要求。菜单的主要内容、酒水的种类和数量。收费标准和付款方式。宴会的其他要求，如休息室、请柬、席位卡、致辞台等。接受预订的日期和预订员的签名，等等。宴会预订单填写好以后，应向客人复述，并请预订客人签名。如客人电话预订，可建议客人预约时间到宴会场地亲自视察，如客人来访预订，可在洽谈的同时为客人提供有关宣传资料，并亲自陪同客人视察宴会场地。

② 确认预订。客人提出预订要求后，要认真查阅"宴会预订记录簿"，当核实宴会场地可作预订后，才可以和客人作进一步的洽谈。在和客人洽谈的过程中，要耐心听取客人的意见和要求，当客人提出问题或疑问时，要本着诚恳、耐心、细致、礼貌的态度，为客人作出解释及提出建议。当宴会场地、就餐时间、位置摆设或服务项目等问题有冲突时，要积极主动地想办法与客人取得一致，尽量满足客人的要求。洽谈双方对所举办的活动的重要事项取得一致意见后，即可确认预订。确认预订后要礼貌地向客人表示致谢。为客人寄发或传真宴会确认书，确认书的内容要详尽准确，必要时要附上有关条款、宴会预订单或预订变更单。待客人（或主办单位）签署确认书并寄回邮轮公司后要认真检查客人是否调整或补充意见。对宴会或其他活动的确认，以双方签署的确认书为标准。

③ 跟进预订工作。根据和客人确认的活动内容和服务要求，填写宴会预订单，宴会订单的内容包括：日期、时间、人数、形式、菜谱、饮料、价格、厨单、工程单、花房单及公关协作单位等，如有特别的布置和安排，必须附加详细的说明。宴会订单由具体跟办的宴会销售员填写，经宴会部经理签名后，由宴会联络员负责发至有关部门。宴会订单需按编号排放，以方便查找核对。凡举办大型宴会及重要接待活动，必须事前召集举办单位和邮轮有关部门开沟通会议，解决保安、消防、批文、准办证、工程方面的配合、公关协助及卫生检疫等事宜，落实具体安排，以确保宴会顺利进行。如客人取消预订，经手人需要在预订簿上清楚注明并跟办有关更改手续，包括通知厨房主管。宴会预订单如表3-1所示。

表3-1 宴会预订单

预订日期		预订人姓名		联系方式	
单位				地址	
宴会名称		宴会时间		宴会地点	
预计人数		最低桌数		结账方式	
宴会费用		食品人均费用		酒水人均费用	
宴会菜单				宴会酒水	
宴会布置（台型、主桌型、场地、设备等）					
处理					
确认签字		预收订金		承办人	

2. 宴会前的准备工作

(1) 做好接待准备工作

① 与客人作进一步的联络。客我双方签署确认书后，一般在宴会、展览、展销、会议等活动确认举办日期的前 15 天，要主动征询客人是否有调整补充的意见，活动举办前的 7 天，要再次致电征询客人的意见，举办活动的前 3 天，要向客人汇报我方的具体工作落实情况。

② 落实活动的前期工作安排。活动开始前，检查有关部门的接待准备工作，发现问题及时解决，另与主办单位负责人一起检查宴会场地的布置情况，听取对方的意见，处理临时性的变化。如属大型的、重要的活动，要及时向行政领导汇报情况，必要时要行政指定一名高级行政领导为总负责人，组织安排有关的协调会议，会议要做好记录，并根据记录写出接待大型活动的行动计划，并及时发到各有关部门。视预订宴会的规模，将预订人数和客人的特别要求向厨房当值主管通报，以便做好工作安排。对如期举办的宴会活动，要提前准备感谢信，以便在宴会结束后发给客户。

③ 落实当天的活动安排。整理、归纳当天的宴会、会议及各种活动资料和预订表格，联络各有关部门查询工作的完成情况。检查活动呈递的布置、摆设、卫生、安全等情况是否符合客人的要求。

④ 了解掌握宴会情况

八知：宴会日期及开餐时间、台数、人数、标准、菜式品种及出菜顺序、主办单位或房号、收费办法、邀请对象

三了解：客人的风俗习惯、客人的生活忌讳、客人的特殊需求

(2) 宴会厅的布置

① 中餐宴请的桌次安排

以右为上。餐桌的排列有左右之分时，面对餐厅（或包厢）正门或面对乐队演出中心的右侧为上、为尊。

以远为上。餐桌的排列有远近之分时，距离餐厅（或包厢）正门较远者为上、为尊。以离正门远近区分尊卑，主要是因为门口是送菜、撤器等必经之道，较为吵闹，受干扰较多，而"远"则相对安静。

居中为上。餐桌的排列有左中右之分时，居于中间者为上、为尊。以中为上，主要是"中"处于醒目的中心位置，且方便联络、交谈。

多桌宴会一般以最前面或居中的桌子为主桌，其他的桌次顺序应考虑与主桌的距离。按国际上的习惯，遵循中远结合以右、以远为上的原则，即其他桌次的高低以离主桌位置远近而定。距离主桌越近，桌次越高；距离相等时，以面对的正门的位置为准，右高左低，具体排列的时候可综合多种因素加以考虑。桌数较多时，要摆桌次卡。

② 中餐宴会的席位安排

在排定中餐宴会的席位时，应综合考虑以下 4 条原则。

面门为主。即通常面对餐厅正门的位置为主人位，与主人位相对的座位为副主人位。公

务场合，有 2 位主人时，则应按照职务高低或年龄的大小，双方相对而坐。若主人夫妇共同出席宴会时，则男主人在主人位就座，女主人在副主人位就座。

主宾居右。按照我国以右为上的习俗，主宾应安排在主人的右侧就座。

好事成双。为了方便席次安排、避免出现一些尴尬的情景出现，每桌的人数以偶数为宜，每桌的人数最好控制在 12 人之内。

各桌相对。主桌之外的其他各餐桌上的"主位"，一般均与主桌上的主人位相对，以便其他桌的主人观察主桌上主人的活动，起到遥相呼应的作用。

③ 台形布置

据宴会厅的形状、实用面积、主办者的要求，按"中心第一，先右后左，高近低远"的原则布置。餐桌之间距离不少于 2m，餐桌离墙距离不少于 1.2m，排列整齐。

（3）物品准备

① 熟悉菜单

熟悉宴会菜单，每道菜的名称、风味特色、配菜和配食佐料以及制作方法，并准备好菜单。

② 准备餐用具

根据菜单及宴会规格备好餐用具和物品。餐具（小毛巾、茶杯、茶壶和开水、开瓶器、分酒器、小毛巾、纸巾、烟缸等各类开餐用具）准备要留有余地。

③ 准备酒水饮料

用布擦净瓶子，在工作台或工作车上摆放整齐。

④ 摆好餐台

宴会开始前一小时摆好餐台。

⑤ 摆放冷菜

宴会开始前 10~15min，按中餐宴会上菜要求摆上冷菜。

（4）准备就绪，全面检查

检查环境布置是否符合宴会预订要求；检查餐具、饮料、酒水、水果是否备齐；检查摆台是否符合标准和规范；检查各种用具及调料是否备齐并略有富余；检查清洁卫生；检查餐、酒具是否符合卫生标准；检查台面服务、传菜人员等是否分派合理；检查厅内照明、空调、音响等系统是否正常；检查服务员个人卫生、仪容仪表。

3. 宴会的迎宾服务

（1）服务员或管理员在开餐前 15~30min 到门口准备迎接。

（2）面带微笑、热情问好、引领休息、香巾、茶或饮料。

（3）接挂衣帽，凭记忆能准确服务。

4. 宴会中的就餐服务

（1）入席服务

引领到位、拉椅让座、香巾、茶等服务，收取物品、取出餐巾、脱去筷架。

（2）斟酒服务

① 协助客人选定饮品并提供服务。

作为提前预订的客人，应于宴会开始前半小时（或预订时）帮助客人选定宴会所用饮品，并于宴会前完成准备工作。

如客人未提前预订，则当客人落座后由服务员打开饮品单第一页双手呈递予主人，并协助客人选定饮品。

在协助客人选定饮品时，适其需求提出有效建议。

客人选定酒水后，服务人员及时进行相关准备工作，包括取酒、准备杯具、准备服务器皿。

② 宴会开宴前5～15min征得客人同意后，斟好白酒和葡萄酒。

③ 客人入座后，根据客人要求斟倒酒水饮料，如备有葡萄酒和白酒时，一般先斟葡萄酒，后斟白酒。

④ 从主宾开始顺时针进行，红酒1/2，白酒八分满。保证每位客人餐具前均不少于一杯饮品。饮品服务时间在5min内完成。

（3）上菜服务

① 上菜时机

中餐宴会上菜是在宴会开餐前就把第一道菜即各种冷盘摆放在餐桌上，摆放冷盘时要保持冷菜的拼摆造型，同时要注意荤素调开，颜色相似调开。客人入座开席后将冷盘菜肴吃了2/3左右时可以开始上热菜和大菜了，当上完最后一道菜时，服务员应低声告诉副主人菜已上齐。一方面上菜要及时，不能出现空盘空台现象，否则让宴会主人感觉尴尬，使客人无菜下酒，餐厅形象也大打折扣，另一方面，上菜也不能过快，否则会造成菜肴堆积、易凉，同时也会影响客人的品尝。总之，服务员控制好上菜的快慢和节奏。

② 上菜顺序

中餐宴会上菜遵循的一般原则是先冷后热、先菜后点、先咸后甜、先炒后烧、先清淡后肥厚、先优质后一般，严格按照席面菜单顺序进行。

③ 上菜位置

中餐宴会上菜位置一般选择在陪同和翻译人员之间，也可在副主人的右边上菜，这样便于翻译和副主人向客人介绍菜肴的口味和名称。严禁服务员从主人与主宾之间上菜，否则被视为不礼貌。

（4）席间服务：勤巡视（酒水、餐碟、烟缸、香巾，处理问题）

① 注意"三轻四勤"，勤观察，为客人提供各种小服务。

② 在整个宴会过程中，服务员要勤巡视。待客人杯中酒水只剩1/3时应及时斟倒。

③ 除按规定撤换餐碟外，见到客人餐碟中骨渣或杂物堆集较多时应及时撤换，至少换三次骨碟。

④ 见到烟灰缸有两个以上烟头应及时撤换。

⑤ 遇见客人不慎将餐用具掉在地上或弄翻了酒水杯时应及时处理。

⑥ 当客人吃完饭后，收去除酒具以外的餐具，上水果刀叉、水果。客人吃完汤、吃完海鲜类菜肴、吃完水果应分别在其后上香巾。

⑦ 提供其他服务。

（5）宴会的结束工作

① 拉椅送客：提醒客人带齐随身物品，目送或随送到餐厅门口，致谢道别。

② 取递衣帽：及时准确、帮助穿戴。
③ 收台检查：客人有无遗留物品、有无未灭烟头。
④ 按餐巾、香巾、玻璃器具、瓷器、刀叉筷子顺序收台。
⑤ 清理场地：地面卫生、桌椅工作台、门窗、电源。
⑥ 活动结束后要主动征询客人意见。
⑦ 总结当天的宴会接待情况，分析存在的问题，填写工作日志并报上级审阅。

三、中餐宴会服务礼仪

1. 客人投诉服务礼仪

（1）餐饮服务中遇到投诉，应礼貌诚恳、态度温和地接待客人，认真倾听客人反映的情况和意见。要及时向客人表示歉意，不得与客人争辩，并尽快将情况报告给有关管理人员。

（2）若投诉情况属实，不得推卸责任，应根据情况采取积极有效的措施及时改进，并请客人原谅，同时对客人提出的意见和建议表示感谢。

（3）若客人因不了解菜肴风味或其他原因而投诉有误时，不能讽刺讥笑，应礼貌机智地进行处理，态度和蔼真诚，不能让客人感到尴尬。

2. 残疾宾客服务礼仪

（1）遇到残疾宾客用餐，应派专人进行接待服务，并选择合适的餐桌、座椅和餐具。

（2）对残疾宾客要尊重照顾、关心体贴、细致耐心，不能使宾客觉得受到冷落或只是同情和怜悯，而应该让宾客感受到温暖、热情、周到、快捷。

（3）在就餐过程中要关注宾客，如果发现宾客身体不适，应保持镇静，迅速报告上司，并立即打电话请医务人员来帮助。不要自作主张给客人用药，应安抚宽慰客人，同时应尽量避免打扰餐厅内其他用餐的宾客。

3. 客人醉酒服务礼仪

（1）在餐厅中对客人饮酒过量的问题，应审时度势，灵活处理，既不能轻易得罪客人，又不能听任客人无节制地饮酒而闹事。要谨慎判断客人醉酒的程度并采取及时有效的措施。

（2）对已有醉意、情绪变得激动的宾客，要注意礼貌服务，不得怠慢、不得讽刺，服务要及时迅速。

（3）如果客人不停地要酒，并且言行已经开始失态，可以试着建议其饮一些不含酒精的饮料，同时及时报告上司和保安人员来帮助处理。

（4）如果醉酒客人提出一些非分要求时，应根据具体情况礼貌婉转地予以回绝。对醉酒的客人应尽快带离餐厅，以免影响其他客人。

4. 汤汁洒出服务礼仪

（1）操作时若不小心把汤汁洒在餐桌上，应立即向客人表示歉意，迅速用干净餐巾垫上或擦干净。

（2）如果汤汁洒在客人身上，应马上道歉，尽快采取果断补救措施，用干净的毛巾替客人擦拭。如果是异性宾客，应递由宾客自己擦拭。并根据污渍的大小和客人的态度，适时提出为宾客洗涤衣物，并为客人找来准备替换的干净衣服。

（3）如果客人用餐中不小心把汤汁洒在餐桌或身上，应主动帮助客人处理。

模块四

邮轮餐饮服务技巧

项目十五 邮轮餐饮服务技巧

【项目目标】

◇ 掌握邮轮餐饮服务中疑难问题的处理程序和技巧。
◇ 了解客人投诉的原因、种类等知识。
◇ 掌握处理客人投诉的方法和程序。
◇ 提升分析问题和解决问题的能力。

子项目一 疑难问题处理程序

邮轮餐饮服务是邮轮餐饮员工为游客提供的有关餐饮消费的设施、餐具、菜肴、酒水以及帮助游客用餐的一系列行为的总和。由于客人性格、修养、阶层、年龄、性别等各有不同,在餐饮服务过程中难免会出现各种服务疑难问题,服务员应在日常的服务工作中揣摩客人的心理,掌握客人的性格和生活特点,灵活处理好各种疑难问题。

一、处理醉酒的客人

(1) 向醉酒的客人停止供应酒水等含酒精的饮品,应建议提供一些无酒精的饮品(热茶)。
(2) 密切留意客人的动静,必要时请保安扶客人进入房间。
(3) 如客人在餐厅酗酒闹事,有损坏餐厅物品时,应报告大堂副理和保安部,以便及时处理。
(4) 如有呕吐,应及时清理污物,并提醒醉客的朋友给予照顾。
(5) 事故处理结果应记录在工作日记上。

二、客人用餐时丢失物品如何处理

（1）对客人遗失的物品，服务员拾到要交给上级。
（2）如有认领者认真验证物品的特征、数量，凭证件认领。
（3）没有人认领的物品要及时交邮轮管理层处理。

三、正确处理退菜问题

（1）要站在顾客的立场，也要维护邮轮的利益。
（2）如原料变质或卫生不合格的应及时退换。
（3）对于烹调质量问题应表示歉意并及时退换。
（4）对于无故退菜的要有礼貌，耐心地进行解释讲明道理。
（5）能够不退不换最好，如果退换的须及时告知当值经理签名处理。

四、上错菜

（1）首先表示歉意，若客人还没有动菜，应主动征求客人意见，征得同意后把菜撤回。
（2）若客人已动筷子，服务员可以婉转地说服客人买下这道菜品，若客人执意不肯付账，上报主管后作为赠送菜。
（3）若是因服务员在客人点菜时理解错误或未听清而造成的，应马上为客人重新做一道他满意的，并向客人道歉。
（4）若是因客人没讲清楚或对菜理解错误而造成的，服务员应该耐心地向客人解释该菜是理解错误而造成的并解释该菜的制作方法及菜名的由来，食品的原料、配料、制作过程和口味特征等。

五、对菜肴质量不满意时

（1）若客人提出的菜肴质量问题可以用重新加工的方式解决，如口味偏淡、成熟度不够等，服务员应将菜品送到厨房由厨师重新加工。
（2）若客人对菜肴原料的变质或烹饪的严重失误提出质疑，服务员应向主管汇报，由主管出面表示关注与致歉，立即让厨房给客人重新制作，要维护餐厅形象。
（3）如果是客人不了解某些菜肴的风味特点，服务员要婉转地向客人介绍其特点和吃法。

六、客人反映账单不符时

（1）耐心核对上菜品种、数量，是否和账单相符。
（2）如果是工作上的失误，要向客人表示歉意，如果是客人算法有误，要巧妙地掩饰过去，以免使客人难堪。
（3）待客人结账后，有礼貌地向客人表示感谢。

七、因操作不当，弄脏客人衣服（物）

（1）诚恳地向客人道歉。
（2）立即用干净毛巾帮客人擦掉（如果是女士，让女服务员为其擦拭）。
（3）如果污迹比较大，征询客人的意见，帮助客人清洗，干洗后送回，并再次道歉，对客人的原谅表示谢意。
（4）服务中要多关注这位客人，提供满意的服务，以弥补过失。

(5) 应及时上报领班、主管，必要时也可让领导出面道歉，以示对客人的尊重。

八、如何处理突然停电事故

(1) 保持镇静，向客人道歉，设法稳定客人的情绪，说服客人尽量不要离开自己的座位。

(2) 开启应急灯，为客人餐桌点燃备用蜡烛，创造浪漫氛围，让其享受烛光餐。

(3) 及时与工程部联系，立即派人处理。

(4) 了解停电原因，向客人做出解释，并再次表示歉意；

(5) 要尽可能地提供更优质的服务，加以弥补。

(6) 对强烈不满的客人，通知领班、主管灵活解决。

(7) 密切注意客人的动向，以防止客人逃账。

九、如果客人要把餐厅的餐具带走

(1) 跟客人有礼貌的讲这些餐具不是一次性的。

(2) 有礼貌的询问客人是否很喜欢我们的餐具，如果喜欢我让我们经理打个折或按成本价卖给您。

十、处理宾客损坏餐具事件

(1) 不要指责或批评客人，使客人难堪。

(2) 立即为客人补上干净的餐具，清理碎片。

(3) 对客人的失误表示同情，关切地询问客人有无碰伤并采取相应措施。

(4) 在合适的时机用合适的方式告诉客人需要赔偿。

十一、客人在用餐过程中发现菜中有异物

(1) 应先向客人表示诚挚的歉意，如确实为异物，应马上将菜撤下。

(2) 报告上级，餐厅经理可以出面为客人道歉。

(3) 尽量征得客人的谅解，帮其重新更换一份，如客人仍不愿接受的，应及时向领导汇报，经领导同意后退掉此菜。

十二、客人因等待时间太长要求取消食物

(1) 先请客人稍等，到厨房了解菜品是否已经烹饪。

(2) 如该菜还未做，可给客人取消，如菜品已做，应向客人解释菜品的特点，请客人品尝或建议客人菜品打包。

(3) 向客人介绍菜品时，应提及烹调时间较长的菜品，以避免客人等待时间过长而投诉。

十三、接待信奉宗教的客人

(1) 了解客人信奉的宗教种类和忌讳。

(2) 在点菜单上要特别注明。不可冒犯客人的忌讳并注意烹饪用具与厨具的洁净。

(3) 上菜前还要认真检查一下，以免搞错。

十四、客人要点菜牌上没有的菜

(1) 向厨房了解该菜能否马上制作。

(2) 如厨房有原料能马上做，应尽量满足客人要求。

(3) 如厨房暂时无原料，或制作时间较长，要向客人解释清楚，请客人下次预订，并请客人谅解。

（4）主动向客人介绍其他同味或类似制作方法的菜式。

十五、用餐的客人急于赶时间

（1）急客人之所急，介绍一些制作简单的菜式，并在订单上注明情况，要求厨师、传菜配合，请厨师先做。

（2）在各项服务上都应快捷，尽量满足客人要求，及时为客人添加饮料，撤换餐盘。

（3）预先备好菜单，缩短客人结账时间。

十六、发现客人喝完洗手盅的茶

不应马上上前告诉客人，可以假装看不见，这样才能避免客人的难堪，最好的解决办法是预先告诉客人上洗手盅的作用。

十七、客人在用餐时突然感到不舒服

（1）照顾好客人并让其在沙发上休息，若客人已休克，不要轻易搬动客人。

（2）及时打电话通知医疗室的医生来诊断。

（3）待医生赶到，协助医生送客人离开餐厅到外就诊，以免影响其他就餐客人。

（4）对客人所用过的菜给予保留，以便现场检查。

十八、在用餐过程中客人不小心碰翻酒杯

（1）马上给予清理，安慰客人，询问客人是否被碎片伤到。

（2）用餐巾吸干台面的水渍或酒渍，然后将清洁的餐巾平铺在吸干的位置上。

（3）重新为客人换个杯子并斟满饮品。

（4）将杯具破损费用打入客人账单。

十九、遇到带小孩的客人来餐厅用餐

（1）为孩子准备一张儿童椅，把客人安排在远离通道的地方。

（2）摆放易破损的餐具、杯具、花瓶时，不要靠近小孩，更不应在小孩面前摆放刀叉和热水。

（3）提供儿童菜单，准备儿童餐具。

（4）随时关注小孩的动态，可准备一些儿童玩具以吸引小孩注意力，但不要随便给小孩吃东西。

二十、遇到伤残人士进餐厅吃饭时

（1）可将餐位安排在不显眼的地方或者安排在餐厅大门口附近。

（2）千万不要投以奇异的眼光。

（3）随时为客人提供必要的帮助，如帮助推车、拿物品等。

（4）主动询问，尽力满足客人的要求。

子项目二　处理客人投诉

投诉是指客人对邮轮的设备设施、服务态度、服务技能等产生不满时，以书面或口头方式向邮轮公司提出的意见或建议。在餐饮服务过程中，常常会有游客投诉。出现客人投诉，表明邮轮餐饮在服务中还有做得不到位的地方，令游客感到不满意。投诉一旦发生，就需要邮轮餐饮部能够迅速妥善地处理。若处理得当，不但能够在游客心中留下良好的企业形象，

而且还会获得游客的信任。反之，不但会造成游客流失，而且还很可能给企业带来坏口碑。因此，邮轮公司在游客投诉的问题上必须正确对待与处理。

一、投诉的原因

1. 对无形服务的投诉

服务礼仪、礼貌方面：如着装不整洁，对客人不礼貌、使用语言不规范等。

服务态度方面：对客人服务不主动、不热情、冷若冰霜，或过分热情让客人感到不舒服。

服务技能和技巧方面：在提供服务时，操作不合乎标准，不正确或不讲技巧性。如上菜时打翻餐具、上错菜、电话难以接通等。特别在高峰期，这些问题很容易发生，服务技能直接反映邮轮总体管理水平。

服务效率方面：如结账时客人等候过久、账单出错、送餐服务过长等。

服务项目方面：指邮轮没有完善、周到的服务项目，当客人需要时，无法为客人提供，令客人感到邮轮的服务不方便、不周到。

2. 对设备设施的投诉

这类投诉主要有空调、照明、供水、家具、电梯等方面，乘坐邮轮期间感受到的不方便或损坏而造成的投诉。

案例：

客人抱怨道："餐厅服务员手忙脚乱，上茶时打翻了茶杯，上菜的时候又乱摆一通，点菜时，叫了半天才来，到底有没有训练，真是糟糕透了！"

后半夜两点钟，客人打来电话，要吃中餐炒菜，但邮轮的送餐服务部只提供简单的三明治、面条之类的简餐，客人非常不高兴……

3. 管理不善的投诉

4. 安全状况的投诉

5. 食品及饮料的出品

二、投诉的认识

（1）可以帮助邮轮管理者发现邮轮服务与管理中存在的问题。"不识庐山真面目，只缘身在此山中"，邮轮管理者长期在工作环境中，对许多日常工作比较麻木，无法和客人一样亲身体验服务感受，通过投诉可以让邮轮管理者发现服务与管理中存在的问题。

（2）为邮轮方面提供一个改善宾客关系的机会，使其能够将不满意的客人转变为满意客人，从而有利于邮轮的市场营销。抱怨是一种痛苦的表达方式，人们不愿意抱怨，也避免去抱怨。只有五分之一的客人把抱怨说出来。抱怨是顾客发出的一种信号：我希望下次再来，但请你改进，下次不要再发生问题，给我一个再次回来的理由。抱怨直接反映了邮轮存在的问题，提供了改进及提高的建议。五分之四心存怨气的顾客会不作抱怨，不把问题提出来，这类客人的"回头率"很低，甚至再也不会来了。

（3）有利于邮轮改善服务质量，提高管理水平。子项目邮轮投诉都不可避免，关键在于邮轮要善于把投诉的消极面转化为积极面，不断提高服务质量，防止投诉的再次发生。

三、投诉的心理

（1）求尊重心理：在邮轮，游客感到自己未被尊重，这是主要原因。

（2）求宣泄心理：游客对邮轮购买的产品有抱怨心理，他们利用自己的投诉发泄烦恼和怒火以求心理平衡。

（3）求补偿心理：游客希望自己在精神物质上得到某种形式的补偿。

（4）求公平心理：花了钱而未得到相应的利益，如价格不公平、服务不周到、环境差等。

四、处理投诉的原则

（1）真心诚意地帮助客人解决问题：理解客人的心情，同情客人的处境，设身处地地站在客人立场上努力分辨和满足他们的真正需求，满怀诚意地帮助客人解决问题。

（2）不与客人争辩：应让客人把话讲完，对客人的遭遇表示同情，感谢客人对邮轮的关心与信任，即使客人情绪激动、误会，也不能与客人争辩，用自己的文明影响客人，取得客人理解。如客人仍怒气难息，应请上级来处理。

（3）不损害邮轮的利益：接受客人的投诉时不可当客人面批评邮轮其他部门或人员，也不能为了满足客人的要求损害邮轮公司自身的利益，可以通过对客人的关心、体谅、照顾和优质的服务来解决。

五、投诉的处理

1. 第一步：做好心理准备

随时做好准备，接受客人投诉。对客人的投诉持欢迎态度，树立"客人总是正确的"信念，掌握客人投诉的心理特征。

2. 第二步：注意倾听

态度诚恳、心平气和地认真听取客人投诉的原因，承认宾客投诉的事实。在听取客人投诉过程中要做到以下几点。

（1）认真倾听。听取客人投诉意见时，要注视客人，不时地点头示意，以示对客人的尊重及对反映问题的重视。

（2）感同身受。表示虚心接受，向客人致谢或道歉。如："非常抱歉地听到此事，我们理解您现在的心情。""我理解，我明白。""我们非常抱歉，先生。我们将对此事负责，感谢您对我们提出的宝贵意见。"

（3）平息客人。对客人误会的问题也不要说"没有的事""绝不可能"等语言，要平息客人情绪。

（4）感谢客人。感谢客人的批评指教。当遇到客人的批评、抱怨和投诉的时候，不仅要欢迎，而且要感谢。如："感谢您，×先生，给我们提出的批评、指导意见。""您及时让我们知道服务中的差错，这太好了，非常感谢您×先生。"

3. 第三步：记录投诉要点

（1）表示邮轮对客人投诉的重视。

（2）同时也是邮轮处理问题的原始依据。

(3) 记录包括客人投诉的内容、时间、客人的姓名及投诉要点等。

(4) 客人投诉的要点细节记录清楚，适时复述，以缓和客人情绪。

(5) 这不仅是快速处理投诉的依据，也为以后服务工作的改进作铺垫。

4. 第四步：立即行动，及时采取补救措施，争得客人同意

尽量缩小影响面，当客人同意所采取的改进措施时，要立即行动，补偿客人投诉损失，决不要拖延时间，耽误时间只能进一步引起客人的不满，扩大影响。

5. 第五步：追踪检查处理结果

(1) 若客人尚未离店，一定要让游客了解问题解决的进展程度，赢得游客的谅解，这样可避免游客产生其他误会。

(2) 若客人已离开邮轮，邮轮公司要设法同游客取得联系，采取不同方法以挽回影响。

(3) 如果无法与游客进行联系，服务员要将游客的投诉报告上级并记录在案，制定有效措施防止再发生类似问题。

6. 第六步：及时上报，归类存档

(1) 及时上报主管领导。

(2) 不要遗漏、隐瞒材料。

(3) 加以汇总，归类存档。

(4) 作为后期培训内容。

(5) 及时完善宾客档案。

附录 1

餐厅英语情景对话

Dialogue 1

A：What can I do for you, sir? 先生，您要来点什么？

B：What have you got this morning? 今天早上你们这儿有什么？

A：Fruit juice, cakes and refreshments, and everything.
水果汁、糕点、各种茶点等，应有尽有。

B：I'd like to have a glass of tomato juice, please. 请给我来一杯西红柿汁。

A：Any cereal, sir? 要来点谷类食品吗，先生？

B：Yes, a dish of cream of wheat. 好的，来一份麦片粥。

A：And eggs? 还要来点鸡蛋什么的吗？

B：Year, bacon and eggs with buttered toast. I like my bacon very crisp.
要，再来一份熏猪肉和鸡蛋，我喜欢熏猪肉松脆一点。

A：How do you want your eggs? 您喜欢鸡蛋怎么做？

B：Fried, please. 煎的。

A：Anything more, sir? 还要什么别的东西吗，先生？

B：No, that's enough. Thank you. 不要了，足够了。谢谢。

Dialogue 2

(A couple waiting to be seated in a crowded restaurant)
(一对夫妇在拥挤的餐厅外等待就座)

A：Do you have a reservation, sir? 请问您订位了吗？先生，太太？

B：No, I am afraid we don't. 没有。

A：I'm sorry. The restaurant is full now. You have to wait for about half an hour.

Would you care to have a drink at the lounge until a table is available?

很抱歉，餐厅已经满座了。约要等 30min 才会有空桌。你们介意在休息室喝点东西直至有空桌吗？

B：No, thanks. We'll come back later. May I reserve a table for two?

不用了，谢谢。我们等一会儿再来。请替我们预定一张二人桌，可以吗？

A：Yes, of course. May I have your name, sir? 当然可以。请问先生贵姓？

B：Bruce. By the way. Can we have a table by the window?

布鲁斯。顺便，我们可以要一张靠近窗口的桌子吗？

A：We'll try to arrange it but I can't guarantee, sir.

我们会尽量安排，但不能保证，先生。

B：That's fine. 我们明白了。

(Half an hour later, the couple comes back.)

半小时后，布鲁斯夫妇回来了。

A：Your table is ready, sir. Please step this way.

你们的桌子已经准备好了，先生。请往这边走。

Dialogue 3

A：Waiter, a table for two, please. 服务生，请给我一张两人的桌子。

B：Yes, this way please. 好的，请跟我来。

A：Can we see the menu, please? 能让我们看一看菜单吗？

B：Here you are. 给您。

A：What's good today? 今天有什么好吃的？

B：I recommend crispy and fried duck. 我推荐香酥鸭。

A：We don't want that. Well, perhaps we'll begin with mushroom soup, and follow by some seafood and chips.

我们不想吃香酥鸭。或许我们可以先吃蘑菇汤，然后再要点海鲜和土豆片。

B：Do you want any dessert? 要甜品吗？

C：No dessert, thanks. Just coffee. 不，谢谢。咖啡就行了。

(After a few minutes.) 过了一会儿。

A：I can have the check, please. 结账。

C：George. Let's split this. 乔治，我们各自付账吧。

A：No, it's my treat tonight. 不，今天我请客。

B：Cash or charge, sir? 现金还是记账？

A：Charge, please. Put it on my American Express.

记账。请记入我的美国运通信用卡账号。

Dialogue 4

A：Good morning. Can I help you? 早上好。有什么能效劳的吗？

B：I want an American breakfast with fried eggs, sunny side up.
我想要一份美式早餐，要单面煎的鸡蛋。

A：What kind of juice do you prefer, sir? 您想要哪种果汁呢？

B：Grapefruit juice and please make my coffee very strong.
西柚汁，还有，我要杯很浓的咖啡。

A：Yes, sir. American breakfast with fried eggs, sunny side up, grapefruit juice and a black coffee. Am I correct, sir?
好的，一份美式早餐，要单面煎的鸡蛋、西柚汁及一杯清咖啡，对吗？

B：Yes, that's right. 是的。

A：Is there any thing else, sir? 还有什么吗，先生？

B：No, that's all. 没有了，谢谢。

（Later）稍后

A：Good morning, sir. I've brought the breakfast you ordered.
早上好，先生。您要的早餐送上来了。

B：Just put it on the table, please. 请放在桌上。

A：Do you need anything else, sir? 先生，还有其他需要吗？

B：No thanks. Ah, yes! Can I have some more juice for the minibar?
没有，谢谢。啊！可否多放一些果汁在冰箱里？

A：What kind of juice would you like, sir? 哪种果汁呢，先生？

B：Tomato, orange and apple juice, please. 番茄汁、橙汁及苹果汁。

A：Yes, sir. I'll get them for you right away. Would you please sign this bill first? Thank you, sir. 好的，我立刻去取。麻烦您先签了这张账单。

Dialogue 5

一、点套餐

Please give me this one. 请给我来这个。

We want two number eights, please. 我们要两份第八套餐。

二、随意点餐

May I have a menu, please? 我可以看菜单吗？

Could you tell me how this thing is cooked?
能否告诉我这道菜是怎么做的？

Lobster? It is steamed and served with our special sauce.
龙虾？蒸过后加上本店特制的调味料。

Is it good? 好吃吗？

Sure. It is a most popular dish. 当然，很受欢迎的。

I think I will try some lobster, and give me some green salad together.
我想我来点儿吧。再给我一份蔬菜沙拉。

We have three dressings for salad. Which one would you like?
我们有三种沙拉调味汁，您要哪种？

What kind do you have? 你们有什么？

We have Italian, French and Thousand Island. 有意大利、法国和千岛的。

Make it French please. 给我法式的吧。

三、对当地菜肴不熟悉

What is the specialty of the restaurant? 这家店的招牌餐是什么？

Do you have any special meals today? 今天有什么特餐吗？

What would you recommend? I prefer something light.
我想来点清淡些的，你能推荐什么吗？

四、可以让同来的人替你点菜，或者要重复的

I will leave it to you. 我让你来点。

I will have the same as that one. 我要一份和那个一样的。

五、不急于点菜

Can I take your order now? 你现在叫点什么吗？

Not quite. Could I have a few more minutes? 不，我可以再多等会吗？

Dialogue 6　餐厅常用语

1. What kind of food do you prefer? 你喜欢哪一种菜？

2. Do you like Chinese food? 你喜欢中国菜吗？

3. What kind of food do you like, Chinese or American?
你喜欢吃什么菜，中式的还是美式的？

4. What would you have for dinner? 你要吃什么？

5. What would you like to order? 你要点些什么菜？

6. Have you ordered yet? 你点过菜了吗？

7. No, not yet, I am waiting for a friend. I will order later.
还没有，我在等一位朋友，稍后再点。

8. What would you recommend? 请你推荐一些好菜好吗？

9. What's your today's special? 今天的特色菜是什么？

10. I would like to have something simple. 我想吃些简单的东西。

11. What will you have for dessert? 你喜欢吃点什么点心？

12. We are in a hurry. 我们要赶时间。

13. Please rush your orders. 我们点的菜请快送来。

14. The beefsteak is very good today. 今天的牛排很不错。

15. I will take the beefsteak. 我就要份牛排。
16. How would you like to have beefsteak, well-done or rare? 你喜欢的牛排是熟一些还是生的？
17. I would like my beefsteak well done. 我要熟一点儿的牛排。
18. How about a drink? 喝一杯怎样？
19. Bottoms up! 干杯！
20. To your health! 祝你健康！
21. I ask you to join me in drinking to the health of Mr. Chen. 请你跟我一起举杯祝陈先生健康。
22. I ask you to join me in drinking to the future success of our cooperation 请你跟我一起举杯预祝我们合作成功。
23. How is service? 服务怎么样？
24. Could I have the menu, please? 请给我一从菜单好吗？
25. Here is the menu, sir. 先生，菜单就在这儿。
26. Are you ready to order now? 你现在就准备点菜吗？
27. Where did you have dinner last night? 昨晚你在什么地方吃饭的？
28. Do you like Chinese dishes? 你喜欢中国菜吗？
29. It's very delicious. 它的味道很好。
30. The food is too salty. 菜太咸了。
31. I'm thirsty. 我口渴了。
32. Give me a glass of cold water, please. 请给我一杯冷水。
33. I'm on a diet. 我在节食中。
34. I don't feel like eating more. 我不想再多吃了。
35. It was a very enjoyable dinner. 这是个令人愉快的一餐。
36. What would you like to drink? 你要喝点儿什么？
37. Could I have a cup of coffee? 我想要一杯咖啡好吗？
38. Would you like coffee or tea? 你要喝咖啡还是茶？
39. I would like tea with a slice of lemon, please. 我想要柠檬茶。
40. Do you like to have anything else? 你还要吃别的东西吗？
41. No, thanks. I have had enough. 不用，谢谢。我已经吃饱了。
42. I would like to have ice cream and fresh fruit. 我要吃点冰淇淋和新鲜水果。
43. Help yourself to anything you like. 你喜欢什么随便吃。
44. Please pass me the salt and pepper. 请把盐和胡椒递给我。
45. I ordered ten minutes ago. 我10分钟前就点菜了。
46. I have been waiting for half an hour. 我一直等了半个小时。
47. Why is our order so late? 为什么我点的菜那么慢？
48. I can't wait any longer. 我不能再等了。

49. Please serve us as quickly as possible. 请尽快服务。

50. Could I have the bill please? 请把账单给我好吗？

51. Here you are，please pay the bill at the cashier's desk. 这就是，请到柜台付账。

52. Let's me pay my share. ＝Let's go Dutch. 我们各付各的。

53. No，It's my treat. 不，这次我请客。

54. May I pay this time? 这次我请客好吗？

附录2

餐厅服务流程23个细节

1. 迎客问好

(1) 客人来到服务区域,热情、礼貌地向来宾问好。

(2) 使用语言:"中午好!/晚上好!欢迎光临!""我是××号服务员,很高兴为您服务"。

2. 拉椅示坐

(1) 将餐椅轻轻拉开,并为一至二位客人拉椅示坐(遵循先宾后主次序)。

(2) 协助客人将衣物放在餐椅上并套上衣套,提醒客人保管好随身物品。

3. 泡茶/斟茶

(1) 冬天可现冲泡,保证茶水的温度,夏天则提前冲泡1/3壶水,以免烫着客人。

(2) 斟茶时以7分满为宜,并且使用语言"请用茶"。

4. 整理餐台

(1) 根据客人的实际人数合理增、撤餐具,撤掉桌面装饰物(花瓶、台卡等)。

(2) 使用语言:"打扰了,我帮您把多余的餐具撤走可以吗?"

5. 呈送菜单、撤筷套

(1) 客人安坐后,为客人呈上菜单。

(2) 使用语言:"这是我们的菜单,请您先过目。"

(3) 姿势:左手托菜单的底部,右手持菜单的上端,站于客人右后侧呈递。而不要将菜单随便放在客人的桌子上。

(4) 单手撤筷套,提醒客人注意,右脚插入客人餐椅后侧,右手将筷子拿出,放于左手,左手将筷子倒出,然后由右手放到筷架上面。

6. 点菜下单

(1) 根据客人的进餐性质,为客人合理推荐菜肴。

(2) 使用语言:请问现在可以点菜了吗?

（3）客人每点一道菜都要复述一遍，最后要将所点菜肴全部复述一遍以得到客人的确认。

（4）使用语言："先生您点的有×××菜对吗？请问您还需要来点别的吗？"

（5）要根据客人的人数建议客人点菜数量，不可强行推销，也不允许不推销。

（6）开单时要注意写清单头各项。并且要写清客人的特殊要求。

（7）到收银台盖章后，迅速下单（传菜员带单）到厨房。

7. 点取酒水

（1）菜点完后，及时为客人推荐酒水。

（2）使用语言："各位今天喜欢喝点什么酒水呢？我们这里有×××，×××不错，很受欢迎，来一瓶可以吗？"

（3）推销酒水时如果有女士、小孩可推荐鲜榨果汁/饮料，突出营养与护肤美容功效。

（4）如果客人点的海鲜多，可推佐餐的白葡萄酒，烧菜较多，可推荐红葡萄酒。

（5）客人点完酒水饮料后须请客人确认，如：先生您点了一瓶长城干红对吗？

（6）将酒水单送到吧台为客人及时拿取酒水。

8. 熟悉菜单/斟倒酒水

（1）熟悉点菜单上的菜品，做好各项准备。

（2）临出菜前为客人斟上酒水，斟酒时不要将酒倒洒。

（3）要记清每位客人所点的酒水，避免出现斟错的现象。

（4）酒水、饮料要当着客人的面打开。

（5）斟酒（见斟酒的方法）。

9. 撤换茶杯

（1）酒水斟倒完毕，在征得客人同意后，将茶杯撤走。若客人提示仍需饮茶时，我们要用水杯斟满一杯给客人。

（2）使用语言："我帮您把茶杯撤走好吗？""我用水杯帮您泡一杯茶好吗？""请慢用！"

10. 准备上菜

菜品上桌前做好各项准备，如：整理餐桌、准备餐用具。

11. 有序上菜

（1）选择并固定一处上菜口，尽量不要频繁更换上菜口。

（2）每上一道菜要清楚的报菜名，使用语言："这是×××菜请品尝/请品尝×××菜。"

（3）注意一些特殊菜的上法。

（4）餐厅的特色菜要为客人作简要介绍。

（5）调整菜肴或台面菜肴布局，便于每位客人取食。

（6）菜上齐，说："菜已上齐，各位请慢用。"

12. 按位分汤

（1）清蒸鱼类需为客人剔鱼刺。

（2）全菜需为客人分割（如蹄膀等）。

（3）汤菜需为客人分派。

（4）各吃菜肴要分派。

13. 续加酒水

当客人空杯或只剩 1/3 时为客人续杯。

14. 更换骨碟、更换烟缸

（1）当骨碟内有 1/2 残渣时应予以更换，烟缸内不超过 2 根烟头，有杂物时应予以更换。

（2）换烟缸时要将干净烟缸盖在脏烟缸上面，然后一起撤下，再把干净烟缸放在原烟缸的位置上。

15. 清理台面

（1）将客人餐位掉落在台面的骨刺、纸巾等用服务夹夹起。

（2）台面空盘在征求客人同意的情况下撤下。

（3）使用语言："我可以将空盘撤掉吗？"

（4）转盘上有油迹应立即清除。

16. 回答问询

（1）礼貌回答客人的问询。

（2）注意保守公司的机密。

17. 服务四勤

（1）对客人提出的我们能做到的其他服务应尽量给予满足。

（2）如果不能满足的应该婉转解释，请客人谅解。

（3）席间做到四勤。

18. 点上主食

（1）在上最后一道菜时，提示客人是否可以上主食，若之前客人没有点主食则提示客人是否可以点主食。

（2）若客人点用米饭上饭时要注意用语，不要说："你要饭吗？"

19. 收撤餐具

（1）客人进餐完毕，礼貌询问客人是否可以撤下餐具，说："我将餐具撤下去可以吗？"

（2）除未喝完酒水杯具，茶杯及客人所需用物品之外，撤掉其他餐具。

（3）在撤盘的时候要注意将桌上剩余比较多的菜先不要倒掉，轻声询问请客的人是否需要打包。

（4）若客人不让撤餐具，则不可强行撤下。

20. 饭后热茶

将茶斟至七分满，并逐一派送给每位客人。

21. 及时结账

（1）如果客人要求买单，服务员应立即回答："好的"，询问客人用哪种结账方式。

(2) 请客人稍等，然后到收银台打单。

(3) 根据客人进餐情况可提前打单。

(4) 要将账单的台号、菜肴、金额等，核查准确。

(5) 当着客人的面检查钱币及确定数目。

(6) 进餐金额较大时，服务员要请客人一起到收银台买单。

(7) 客人结账后要将花插摆在台面上表示已结账。

(8) 若客人要求支票买单、信用卡买单或签单，见结账程序。

22. 征询意见

呈递意见本，使用语言："各位今天用餐还满意吗？请留下宝贵意见"。

23. 礼貌送客

(1) 客人起身为其拉椅，检查客人有无遗留物品，向客人致谢道别："各位好走，谢谢光临！欢迎下次再来。"

(2) 将客人送至餐厅出口、楼梯口或电梯口。

附录3 餐厅卫生管理制度

一、卫生管理制度

1. 餐饮业经营者必须先取得卫生许可证方可向工商行政管理部门申请登记,未取得卫生许可证的不得从事餐饮业经营活动。

2. 餐饮业经营者必须建立健全卫生管理制度,配备专职或者兼职的食品卫生管理人员。

3. 餐饮业经营者应当依据《食品卫生法》有关规定,做好从业人员健康检查和培训工作。

4. 加工经营场所应当保持内外环境整洁,采取有效措施,消除老鼠、蟑螂、苍蝇和其他有害昆虫及其滋生条件。

5. 食品加工、贮存、销售、陈列的各种防护设施、设备及其运送食品的工具,应当定期维护;冷藏、冷冻及保温设施应当定期清洗、除臭,温度指示装置应当定期校验,确保正常运转和使用。

6. 餐饮业经营者发现食物中毒或疑似食物中毒事故时,必须立即向卫生行政部门报告,并保留造成食物中毒或者可能导致食物中毒的食品及其原料、工具、设备和现场,积极配合卫生行政部门开展食物中毒事故调查和处理。

二、食品的采购和贮存

1. 食堂经营者采购的食品必须符合国家有关卫生标准和规定,禁止采购下列食品:

(1) 有毒、有害、腐烂变质、酸败、霉变、生虫、污秽不洁、混有异物或者其他感官性状异常的食品。

(2) 无检验合格证明的肉类食品。

(3) 超过保质期限及其他不符合食品标签规定的定型包装食品。

(4) 无卫生许可证的食品生产经营者供应的食品。

2. 运输食品的工具应当保持清洁,运输冷冻食品应当有必要的保温设备。

3. 贮存食品的场所、设备应当保持清洁,无霉斑、鼠迹、苍蝇、蟑螂;仓库应当通风良好,禁止存放有毒、有害物品及个人生活物品。

4. 应当分类、分架、隔墙、离地存放,并定期检查,处理变质或超过保质期限的食品。

三、食品加工的卫生要求

1. 食品加工场所应当符合下列要求:

(1) 最小使用面积不得小于 8 平方米。

(2) 有 1.5 米以上的瓷砖或其他防水、防潮、可清洗的材料制成的墙裙。

(3) 应由防水、不吸潮、可洗刷的材料建造,具有一定坡度,易于清洗。

(4) 足够的照明、通风、排烟装置和有效的防蝇、防尘、防鼠以及污水排放和符合卫生要求的存放废弃物设施。

2. 加工

(1) 加工人员的卫生要求:处理食品原料后或接触直接入口食品之前都应当用流动清水洗手;不能留长指甲、涂指甲油、戴戒指;禁止面对食品打喷嚏、咳嗽及其他有碍食品卫生的行为;禁止食品加工和销售场所内吸烟;人员应当穿着整洁的工作服;厨房操作人员应当穿戴整洁的工作衣帽,头发应梳洗整齐并置于帽内。

(2) 加工人员必须认真检查待加工的食品及其食品原料,发现原料有腐败变质或其他感官性状异常的,不得加工或使用。

(3) 各种食品原料在使用前必须洗净,蔬菜应当与肉类、水产品类分池清洗;禽蛋在使用前应当对外壳进行清洗,必要时进行消毒处理。

(4) 用于原料、半成品、成品的刀、墩、板、桶、盆、筐、抹布以及其他工具容器必须标志明显,并做到分开使用、定位存放、用后洗净、保持清洁。

(5) 需要熟制加工的食品应当烧熟煮透,其中心温度不低于 70 度;加工后的熟制品应当与食品原料或半成品分开存放,半成品应当与食品原料分开存放。

(6) 在烹饪后至食用前需要较长时间(超过 2 小时)存放的食品,应当在高于 60 度或低于 10 度的条件下存放;需要冷藏的熟制品,应当在放凉后再冷藏,凡隔餐或隔夜的熟制品必须经充分再加热后方可食用。

(7) 食品添加剂应当按照国家卫生标准和有关规定使用。

(8) 奶油类原料应当低温存放;含奶、蛋的面点制品应当在 10 度以下或 60 度以上的温度条件下存放和销售。

四、餐饮具的卫生

1. 餐饮具使用前必须洗净、消毒,符合国家有关卫生标准。未经消毒的餐饮具不得使用,禁止重复使用一次性使用的餐饮具。

2. 洗刷餐饮具必须有专用水池,不得与清洗蔬菜、肉类等其他水池混用。洗涤、消毒餐饮具所使用的洗涤剂、消毒剂必须符合食品用洗涤剂、消毒剂的卫生标准和要求。

3. 消毒后的餐饮具必须贮存在餐具专用保洁柜内备用;已消毒和未消毒的餐饮具应分开存放,并在餐饮具贮存柜上有明显标记,餐具保洁柜应当定期清洗,保持洁净。

五、餐厅服务和外卖食品的卫生要求

1. 餐厅应当保持整洁,在餐具摆台后或有顾客就餐时不得清扫地面,餐具摆台超过当次就餐时间尚未使用的应当回收保洁。

2. 当发现或被顾客告知所提供的食品确有感官性状异常或可疑变质时，餐厅服务人员应当立即撤换该食品，并同时告知有关备餐人员，备餐人员应当立即检查被撤换的食品和同类食品，作出相应处理，确保供餐的安全卫生。

3. 销售直接入口食品时，应当使用专用工具分检传递食品，专用工具应当定位放置，货物分开，防止污染。

4. 供顾客自取的调味料，应当符合相应食品卫生标准的要求。

5. 外卖食品的包装，运输应当符合有关卫生要求，并注明制作时间和保质期限，禁止销售和配送超过保质期限或腐败变质的食品。

六、食堂出入库制度

1. 食堂采购一切物品，均必须严格履行入库、出库手续，双方签字。

2. 保管员（验收员）对所购物品进行质地检验，核对数量，杜绝质次、变质、过期食品的采购与入库。

3. 对工作人员（取货员）取出食品要进行检验，核对数量，杜绝质次、变质、过期食品的出库与食用。

4. 保管员（验收员）与采购人员（取货人员）均需在入库单（出库单）上签字。

5. 加强食堂仓库的管理，做好防火、防盗、防潮、防鼠、防食物中毒工作。

6. 合理安排入库、出库食品数量，适度保持库存量，加强检验，杜绝一切不安全及浪费现象的发生。

七、从业人员健康检查和卫生知识培训制度

1. 餐饮单位从业人员必须经过健康检查和卫生知识培训。由卫生行政部门发放"食品卫生从业人员健康证"和"食品卫生从业人员知识培训证"才能上岗工作。

2. 餐饮单位从业人员每年进行一次体检，发现有患痢疾、伤寒、病毒性肝炎等消化道传染病、活动性肺结核、化脓性或者渗出性皮肤病以及其他有碍食品卫生的疾病人员，必须停止食堂工作。

3. 餐饮单位从业人员要保持良好的个人卫生，遵守"五四制"，勤洗澡、勤换工作服、勤理发、勤剪指甲。

4. 餐饮单位从业人员要熟练掌握本岗位的操作规程，遵守本岗位卫生制度。

5. 餐饮单位从业人员要积极参加卫生部门和上级主管部门及本单位组织的各种卫生知识学习和培训，增强卫生知识，掌握和了解国家及地方的各项卫生法律法规，做知法守法的模范。

参 考 文 献

[1] 丁陈娟,覃雪梅. 邮轮餐饮服务管理 [M]. 大连:大连海事大学出版社,2015.
[2] 陈晓鹏,胡海涛. 国际邮轮与邮轮服务 [M]. 长沙:湖南大学出版社,2013.
[3] 肖健,郑晋华. 邮轮酒吧服务管理 [M]. 大连:大连海事大学出版社,2013.
[4] 杨杰. 邮轮运营实务 [M]. 北京:对外经贸大学出版社,2012.